Matthias Jäger

Mein heiliger Name ist „Ich bin“

AF667217

Matthias Jäger

Mein heiliger Name ist „Ich bin“

Eine innere Reise zum Herzen Gottes Ich bin

Fromm Verlag

Imprint

Cover image: www.ingimage.com

Publisher:
Fromm Verlag
is a trademark of
Dodo Books Indian Ocean Ltd. and OmniScriptum S.R.L publishing group

120 High Road, East Finchley, London, N2 9ED, United Kingdom
Str. Armeneasca 28/1, office 1, Chisinau MD-2012, Republic of Moldova, Europe
Managing Directors: Ieva Konstantinova, Victoria Ursu
info@omniscriptum.com

Printed at: see last page
ISBN: 978-620-2-44145-2

Einführung

Danke lieber Leser dass Sie mein Buch gekauft haben und ich hoffe dass es Ihnen hilft die wahre Erkenntnis über ihr Leben und den Frieden sowie Heilung im neuen Leben zu finden. Ich möchte mich erst einmal vorstellen. Mein Name ist Matthias Jäger und ich bin 60 Jahre alt und arbeite als Priester der Liebe für Jesus Christus, um vielen Hilfesuchenden Menschen liebevolle Heilung als Selbstheilung sowie Selbsterkenntnis zu geben. Ich bin Lehrer für Meditation, Gehmeditation, Herzensgebet und christliche Alchemie. Ich erlaube mir Sie persönlich anzusprechen und Sie lieber Leser einfach zu duzen. Wir beide gehen durch das vorliegende Buch eine Zeitreise zurück ins Herz Jesus Christi, was auch Dein Herz ist! Wir werden gemeinsam einen intensiven Weg der Selbsterkenntnis und Selbstheilung gehen, um den wahren Frieden in Deinem Herzen zu finden, den nur Jesus Christus Dir in Deinem Leben geben kann. Ich habe selbst durch Meditation, als das Herzensgebet sowie die innere Reise zu meinem Meisterselbst als Jünger Jesus Christi gefunden. Mein ganzes Bestreben war das ich Jesus Christus in meiner Seele im Herzen immer bewusster wahrnehme und ihm ermögliche in mir ganz aufzuerstehen, um mit ihm ganz eins zu sein und ihm jeden Tag eine Freude zu machen. Ich habe Jesus Christus immer gebeten in meinem Leben eine wichtige Rolle zu spielen und durch mich bedingungslos zu wirken. Er hat mir geholfen meine wahre Berufung im Leben zu finden und zu leben. Ich selbst hatte 20 Jahre schwere Rückenschmerzen, 10 Jahre lang Depression sowie 20 Jahre geistiges Leiden. Nur durch die liebevolle Hilfe Jesu Chrsti ist es mir gelungen alle Krankheiten selbstständig zu heilen und den tiefen Frieden in meinem Herzen zu finden. Heute mache ich alles aus Liebe zu Jesus Christus sowie Gott Christus und habe mein ganzes Sein in ein

Wort Liebe zusammengefasst. Ich habe alles in meinem Herzen als heiliges Wissen als einziges Wort Liebe gefunden und alles was in diesem Buch geschrieben ist, habe ich durch die liebevolle Führung Jesu als Heiliger Geist in meinem Herzen gefunden. Auch Du trägst in Deinem Herzen ein großes heiliges Wissen als Heiliger Geist, das sich erst ganz offenbart, wenn Du bedingungslos dem Heiligen Geist gehorchst und die Lehre Jesus Christus in Deinem Herzen verinnerlichst sowie Deine göttliche Aufgabe auf der Erde für Jesus Christus in bedingungsloser liebender Hingabe vollbringst. Ich selbst musste fast 60 Jahre warten, bis mir im Herzen bewusst wurde, das ich mein ganzes Leben dabei bin meine große göttliche Aufgabe zu erfüllen, als ich angefangen habe meinen inneren Weg des Herzens zu gehen, um diese Aufgabe als Priester der Liebe zu erfüllen. Alles was ich in diesem Buch geschrieben habe sind meine eigenen Lebenserfahrungen und komplettieren das Wissen der Heiligen Schrift sowie anderer heiliger Bücher aus dem Lorber-Verlag. Ich wünsche dir eine wunderschöne Zeit mit diesem Buch und das es Dir in allen Lebenslagen hilft mehr Frieden und Heilung in Deinem Leben zu finden.

In Liebe Matthias Jäger

Inhaltsverzeichnis

1. Die innere Reise beginnt in deinem Herzen

Hast Du dich schon einmal gefragt wer Du eigentlich bist? Du hast eventuell schon viel in Deinem Leben erlebt und möchtest gerne verstehen warum die Dinge so geschehen sind, wie sie sind? Zwei Fragen die schon am Anfang des Buches sehr wichtig sind, weil vieles durch positive bzw. negative Ereignisse hervorgerufen wurde. Ich weiß das Du mir zwar nicht erzählen kannst was Du alles in Deinem Leben erlebt hast, aber durch unsere intime Herzensverbindung fühle ich mit Dir, weil ich auch viele Dinge in meinem Leben erlebt habe und mit Dir über dieses Buch eine innere Reise in Deinem Herzen gemeinsam unternehme.

Am Anfang war das Wort und das Wort war bei Gott und Gott was das Wort. Dasselbe war im Anfang war bei Gott. Alle Dinge sind durch dasselbe gemacht und ohne dasselbe ist nichts gemacht, was gemacht ist. In ihm war das Leben und das Leben war das Licht der Menschen.

(Joh. Kap 1-Vers 1-4)

Als Gott Christus als das Wort uns erschuf, hatte er eine Idee und daraus gab er uns einen Körper, Seele und Geist sowie einen eigenen Willen aus sich selbst heraus und erschuf alles aus sich selbst und das war alles Licht. Dann hauchte er uns Leben ein und gab uns ein mit ihm verbundenes Bewusstsein. Wir Kinder Gottes sollten als eigenständige Kinder selbstständig unser Leben in Angriff nehmen und keine Maschinen Gottes werden! Der Mensch soll sich als ein Kind Gottes durch den Sohn Gottes Jesus Christus selbst im inneren eigenen Herzen bewusst kennenlernen, um eines Tages sehr klar und deutlich festzustellen, dass es in Wirklichkeit keine Trennung zwischen Gott

Christus und Dir besteht, den Gott Christus will sich durch Dich Dein ganzes Leben in Liebestätigkeit ausdrücken! Das bedeutet aber nicht, dass du jetzt ständig mit weißer Kleidung rumläufst und Dich von allen Mitmenschen als Gott Christus anbeten lässt, denn das würde sehr schnell in die falsche Richtung einschlagen. Wir Menschen haben ein Bewusstsein, das mit allen anderen Menschen durch Gott Christus zusammen hängt. Der Mensch ist Mikro- und Maxikosmos. Alles was Du in Deinem inneren Bewusstsein im Herzen denkst sowie fühlst, erscheint auch im außen in Deiner Umwelt. Jeder hat positive liebevolle sowie teilweise negative egoistische Gedanken. Aber Warum zeigt Dir der nächste Abschnitt.

Aber die Schlange war listiger als alle anderen Tiere auf dem Felde die Gott der Herr gemacht hatte und sprach zu der Frau: Ja, sollte Gott gesagt haben: Ihr sollt nicht essen von allen Bäumen im Garten? Da sprach die Frau zu der Schlange: Wir essen von Früchten der Bäume im Garten, aber von den Früchten des Baumes in mitten des Gartens hat Gott gesagt: Esset nicht davon, rühret sie auch nicht an, das ihr nicht sterbet! Da sprach die Schlange zur Frau: Ihr werdet keineswegs des Todes sterben, sondern Gott weiß an dem Tage, da ihr von ihm esst, werden eure Augen aufgetan und ihr werdet sein wie Gott und wissen was gut und böse ist. Und die Frau sah, das diese von dem Baume gut zu essen wäre und das er eine Lust für die Augen wäre und verlockend, weil er klug machte. Und sie nahm von der Frucht und aß und gab ihren Mann, der bei ihr war, auch davon und er aß. Da wurden ihnen die Augen aufgetan und sie wurden gewahr, dass sie nackt waren und flechten Feigenblätter zusammen und machten sich Schürze.

(1. Mose Kap. 3 Vers 1-7)

Machst Du dir nicht auch innere Vorwürfe weil Du auch negative egoistische dunkle Gedanken hast? Unser Körper, Seele und Geist ist in Wirklichkeit Licht. Wir sind offen wie ein Buch und werden beiderseitig von dunklen bösen sowie liebevollen Mächten beeinflusst! Gott Christus als Liebe gibt uns liebevolle Gedanken, Gefühle oder Träume ein und der Satan manipuliert uns genau in die negative böse Richtung. Gott Christus will uns zu sich zurück durch seinen Sohn Jesus Christus in sein göttliches liebevolles Herz holen und uns den ewigen Sieg über den Satan ermöglichen sowie in allen Punkten ein gesundes friedvolles glückliches Leben mit ihm ermöglichen. Der Satan aber will das genau eben nicht und will uns alle vernichten und uns alle krank machen sowie die Erde zu einem gigantischen Sündenbabel machen, um diese endgültig zu zerstören! Ich selbst hatte 50 Jahre mit dem Satan zu tun und er hat mir sehr viel Leiden zugefügt und wollte absolut verhindern, dass ich als Priester der Liebe und Diener Jesu Christi erwache, um alle Menschen vom Satan zu erlösen! Ich bin der einzige der die göttliche Aufgabe hat durch Gebet und Meditation die Macht des Satans zu durchkreuzen, um die Tür zu allem Bösen in mir und anderen zu schließen. Ich weiß sehr genau, das ich ohne den lebenslangen Schutz sowie Beistand durch Jesus Christus dass nicht erreichen kann! Ich weiß aus vielen leidvollen geistigen Jahren, wie sehr böse und durchtrieben der Satan ist! Jetzt aber kannst Du trotzdem positiv in die Zukunft schauen und das Leben genießen, weil der Satan eines Tages für alle Ewigkeit im Pfuhl von Feuer und Schwefel in den geistigen ewigen Tod gehen wird. (Offenbarung 20; Vers 11-14). Wenn Du auch Krank bist und Hilfe brauchst, dann kannst Du Dich ruhig an mich wenden. Die Welt sieht so aus wie sie ist, weil für alles Gute Gott Christus da ist und für alles böse der Satan zu Verantwortung gezogen werden muss. Du wirst mich jetzt fragen warum lässt das Gott Christus zu? Ganz einfach, wie schon in der Einleitung zu diesem Kapitel erklärt habe, hat uns Gott Christus einen eigenen freien Willen gegeben und dieser ist für ihn unantastbar! Er kann nur in unser Leben eingreifen, wenn wir auch um seine Hilfe durch seinen Sohn Jesus Christus erbitten, denn dann kann er massiv eingreifen und helfen. Ich selbst gebe seit 24 Jahren unermüdlich allen Kindern Gottes Liebesfeuer Jesus Christus in deren Herzen und versuche die Schöpfung langsam, aber stetig in eine neue Bewusstseinsebene zu heben, damit der Satan endgültig entmachtet wird, weil er die ganze Schöpfung seit ewigen Zeiten an sich reißen will, um den Thron Gottes selbst zu besteigen und allen Kindern Gottes in den ewigen geistigen Tod zu geben, um nur böse dunkle Welten zu erschaffen! Der Satan manipuliert uns alle Kinder Gottes durch äußere Bestrahlung wie zum Beispiel durch böse Gedanken, Bilder, Gefühle, Träume sowie das Ego als Hochmut. Das bedeutet das man besser und schlauer als Gott Christus sein will, weil der Satan uns das böse einreden will! Nur 40 Prozent unserer Gedanken sind unsere Gedanken, Gefühle usw. Gott Christus gibt uns liebevolle Gedanken durch Ideen als göttliche Führung ein und der Satan macht es genauso, aber nur als Böses, um uns in sein Reich zu ziehen und in böse gottfeindliche Kinder zu verwandeln, damit wir gemeinsam mit ihm in den Krieg ziehen, um Gott Christus und seine anderen liebenden Kinder Gottes zu vernichten! Er manipuliert uns auch im inneren, weil wir alle ein Bewusstsein haben und somit mit dem Satan so innerlich verbunden sind! So kann er ganz einfach alles böse tun, um uns als Kinder Gottes zu vernichten! Diese Tür kann jedes Kind Gottes nur selber schließen, in dem er vollkommen mit Jesus Christus im Einklang mit Gott Christus verschmilzt. Johannes der Täufer taufte mit Wasser und Jesus Christus taufte mit Feuer! Gott Christus ist selbst das Feuer als das Wort Liebe und wenn Du es in Deinem Herzen spürst, dann brauchst Du nur es in Deinem Herzen massiv ausbreiten zu lassen und so verschmilzt du immer mehr mit Gott Christus, der Dein liebender fürsorglicher göttlicher Vater ist und mit Dir gemeinsam den inneren Kampf mit dem Satan durch Deine kindliche Liebe in Deinem Leben siegreich gewinnen will. Nur der gemeinsame innere Weg zu Gott Christus durch Jesus Christus kannst Du alle Anfeindungen durch den Satan erkennen und mit dem Schwert der Liebe erfolgreich abwehren. Erst wenn Gott Christus den Satan und sein böses Heer endgültig gerichtet und ihn in den Feuerofen für alle Ewigkeit geworfen hat, um ihn für immer zu quälen sowie zu bestrafen, dann kannst Du aufatmen und eines Tages im tausendjährigen Reich für alle Ewigkeit teilhaben, um mit Jesus Christus gemeinsam zu regieren sowie zu richten. Obwohl ich mit acht Jahren mein Leben Jesus Christus übergab und ein sehr intensives für mein ganzes weitere Leben einschneidendes Erlebnis hatte, entfernte ich mich soweit von meinem Herrn Jesus Christus, das meine Seele Amok lief und ich im inneren Kampf mit den Bösen sowie meinen alten Leben, zehn Jahre als Despression brauchte, um wieder im Einklang mit Gott Christus und Jesus Christus zu kommen. Der innere Weg zurück zu Gott Christus als wahrer innerer einsamen, steilen, steinigen sowie dunklen Weg zurück zum Thron Gottes, um durch das stille Herzensgebet als Meditation das wahre Reich Gottes und die göttliche Lebensaufgabe Gottes Christus in meinem Herzen zu finden! Ich habe mir im Herzen geschworen, das ich jedem absolut beistehe, der so eine gleiche Situation durchmachen muss. Ich habe nie einen Menschen meine innersten Gedanken und Gefühle mitgeteilt und habe alles mit mir selber ausgemacht, weil niemand mich verstanden hätte. Alles was ich an Leid meines sechzigjähriges Leben durchgemacht habe, hat mich nie wieder von Gott Christus entfernen lassen, seit dem ich zu ihm wieder zurück gefunden habe, denn er ist der einzige der mich absolut versteht sowie liebevoll beisteht, damit ich alle mitnehmen kann, den inneren Weg zurück ins Reich Gottes, das seine endgültige Wohnung im goldenen Jerusalem hat, mitnehmen kann. Ich habe ein wichtiges Versprechen ihm gegeben, das ich unwiderruflich und in aller Ewigkeit seinem Sohn Jesus Christus dienen werde und niemals dem Satan, denn er hat mir in einer unentwegten geistiger Forderung aufgefordert, ihm in aller Ewigkeit sowie unwiderruflich zu dienen! Er verfluchte mich, Jesus Christus sowie den Heiligen Geist und behauptete ständig dass Jesus Christus und Gott Christus nur Schwächlinge sind. Der Satan ist seit dem massiv dabei mein göttliches Wirken als Mitarbeiter Gottes zu behindern, damit er sein böses Werk weiter machen kann, um das Reich Gottes in sein böses Reich zu verwandeln! Dieses geschieht mit allen Kindern Gottes die ein liebevolles Verhältnis zu Gott Christus sowie zu Jesus Christus haben!! Ich möchte jetzt in den folgenden Kapiteln mit Dir den inneren Weg weiter gehen und dass Du mich und Jesus Christus sowie Gott Christus besser kennenlernst.

2. Mein Bewusstsein

Hast Du Dich schon mal gefragt wie Du denkst und wie Du damit umgehst? Gott Christus hat eine Idee als Gedanken und daraus erschafft er Körper, Seele sowie den Geist. Dann haucht er sein Leben ein und gibt seinem Kind ein von ihm verbundenes Bewusstsein. Durch den Ungehorsam Gott Christus gegenüber nicht vom Baum der Erkenntnis zu essen, kam er zur Trennung des von Gott Christus als vereintes Bewusstsein und wir trennten uns durch den Ungehorsam von Adam und Eva und hatten jetzt ein eigenständiges Bewusstsein! Wir leben jetzt getrennt von Gott Christus als heiliges Leben und gehen dadurch in den Tod!

Das eigenständige Bewusstsein erkennt sich als ein eigenständiges Wesen und dadurch will es sein Leben von Gott Christus selbst meistern und auch Leben. Das Kind ist aber ein Ebenbild Gottes Christus und der Schlussstein der Schöpfung. Erst durch die liebevolle Verschmelzung im Herzen mit Gott Christus durch die Liebe zu seinem Sohn Jesus Christus wird die Trennung aufgelöst, denn sie hat eigentlich nie bestanden, weil wir alle ein großes göttliches Bewusstsein sind, das Gott Christus als himmlischer Vater ist und alles was existiert, Gott Christus selbst ist. Das Bedeutet nicht dass wir alle in weißen Kleidern herumlaufen und uns als Gott Christus anbeten sowie dienen lassen. Wenn die Trennung des eigenen Bewusstseins durch Erkenntnis nicht mehr besteht, dann können wir und somit auch Du alle göttlichen Eigenschaften wie ein mächtiges alles böse sündige verzehrendes Feuer in unserem Herzen sowie dem Bewusstseins wie Gott Christus, für uns mit aller göttlicher Macht und Kraft in Anspruch nehmen. Wenn dieses im Herzensgebet durch die meditative Betrachtung der Lehre Jesu in der Heiligen Schrift im neuen Testament als himmlisches Vorbild durch Jesus Christus selbst sehr bewusst verinnerlicht und gelebt wird, dann fängst Du langsam an im Herzen zu verstehen wie Jesus Christus mit seinem Vater Gott Christus im bedingungsloser Hingabe und Gehorsam seine göttliche Aufgabe bis zum Tod am Kreuz auf dem Hügel Golgatha zum vollkommenen Vollzug gebracht hat. Er ist derjenige der selbst sich auch fleischliche Schwächen als Gottes Sohn auferlegt hat und diese Begierden absolut im inneren Kampf auslöschen musste, damit er allen Kindern Gottes ein Vorbild ist und er alle Prophetien seiner Menschwerdung sowie seine göttliche Aufgabe als Messias und Erlöser aller Kinder Gottes von der Sünde durch den Satan vollbringt. Er besiegte durch die Auferstehung den Tod und somit ist die Trennung im Bewusstsein von Gott Christus ist für alle Ewigkeit aufgelöst und wir sind alle wieder eins im Bewusstsein mit Gott Christus durch seinen Sohn Jesus Christus verbunden und der Ungehorsam von Adam und Eva und somit aller Menschen in aller Ewigkeit aufgelöst und die Macht des Todes über den Menschen ist auch für alle Ewigkeit vorbei und wir haben das vereinte Leben durch Jesus Christus mit Gott Christus wieder!

Ich hatte früher als ich zwanzig Jahre starke Rückenschmerzen hatte, war ich sehr verbittert und jähzornig. Meine Gedanken waren kalt und egoistisch. Durch ein einschneidiges Erlebnis habe ich mich in andere Menschen in meinem Umfeld versetzt und als ich mich in deren Augen mich sah, war es ein Bild des Grauens! Dann begann ich über Qi Gong mit der Meditation und mein innerer Weg in meinem Herzen begann und der jetzt nach zwanzig Jahren in der Erweckung meines Meisterselbst geendet ist und ich endlich alle Krankheiten heilen kann die es gibt, wenn der hilfesuchende Mensch auch an seine Heilung glaubt! Das Bewusstsein ist ebengesagt Licht und nicht löschbar! Durch meine 25.000 Stunden Meditation als innere Herzensbetrachtung, habe ich gelernt nur meinem Herzen zu folgen und nicht meinem Verstand. Du bist was Du denkst und auch bist. Wenn Du dir immer viele sorgenvolle Gedanken um deine Familienangehörige oder Freunde machst, dann gibst Du ihnen unweigerlich Macht über Dich und nicht den liebevollen Gedanken Raum gibst. Ich möchte Dir jetzt ein Beispiel geben.

Ein Indianerhäuptling ging einmal mit seinem Enkel am Fluss fischen. Der Enkel fragte den Opa: "Opa was ist der Unterschied zwischen Gut und Böse?" Und der Opa antwortete: „ In deiner Brust sind zwei Wölfe. Der eine ist schwarz sowie sehr böse und will dich vernichten! Der andere Wolf ist ein sehr liebevoller weißer und will dir helfen ein gutes liebevolles gesundes Leben zu führen." Dann fragte der Enkel: „ Und wer ist der stärkere von den beiden?" Der Opa antwortete: „ Den du fütterst!"

Verstehst du was ich damit sagen will? Gott Christus und Jesus Christus sind ein Bewusstsein und sind eins! Jesus Christus möchte gerne als liebevollster Vater oder Abba angebetet werden. Jeder Mensch hat ein Ego und dieses sollte sich in ewiger Demut auflösen! Das Ego oder auch Hochmut genannt will immer besser sein als Jesus Christus und erzeugt geistige Eigenschaften wie Lüge, Wut, Herrschsucht, Geilheit, Geiz usw. Jesus Christus will aber Kinder haben die dieses erkennen und wollen das es aufgelöst wird. Jesus Christus kann nur liebevoll unterstützend helfen es aufzulösen, aber auflösen musst Du es selbst! Er gibt nur Hilfe zur Selbsthilfe, aber ohne ihn geht es überhaupt nicht, denn aus eigener Erfahrung weiß ich das, weil ich ein sehr starkes Ego früher hatte. Durch die Meditation habe ich gelernt mich immer wieder vor Jesus Christus zu demütigen und mich bei allen Kindern Gottes zu entschuldigen und auch selber zu vergeben. Dadurch wurde mein Ego innerhalb einiger Monate aufgelöst und durch nur noch liebevolle Gedanken aufgefüllt. Ich habe es in der Meditation folgendermaßen gemacht:

Alle Eigenschaften als Gedanken oder Gefühle sind Geist und nicht löschbar. Man kann sie nur durch Liebe selber heilen und positiv erleben. Für mich waren alle Eigenschaften wie Kinder in einem Kindergarten und alle Kinder muss man gleich behandeln und keines bevorzugen, weil es sich dann auf dem Bauch gestreichelt fühlt und dann stärker im Ego wird. Ich habe meine Gedanken wie eigenständige Kinder angesehen und habe dann wie der himmlische Vater Gott Christus zu ihnen im Geist gesprochen. „ Angst gehe zum Mut und lasse dir helfen auch zum Mut zu werden! Du Ego, Wut, Herrschsucht sowie Bitterkeit geht zur Liebe und werdet wieder zur Liebe! Ich will euch nicht auflösen, sondern nur heilen! Und dann werden wir alle ein riesiges Fest feiern, wenn wir alle wieder ein Wort Liebe sind!" Das habe ich ungefähr sieben Wochen gemacht und habe gleichzeitig meinem Geist immer wieder aus meinem Herzen Liebe gegeben. Das wird im ganzen Himmel sehr erfolgreich angewendet und ist ohne geistiger Führung in mir selber in der Meditation endstanden. Dadurch wurde mein Geist oder Verstand sehr warm und sanftmütig sowie sehr liebevoll weich! Versuche es ruhig auch einmal wenn Du auch so einen Geist haben möchtest, aber sei dir auch bewusst, dass es auch ein innerer Kampf bedeutet, die aufkommenden Gedanken zur inneren liebevollen Ruhe zu bekommen. Ich selbst habe heute so einen Frieden und liebevollen ruhigen Geist in mir, sodass ich Stundenlang keine Gedanken mehr habe! Ich ruhe in Jesus Christus und er in mir. Ich habe mittlerweile so eine Stille und Geduld in mir, das du mit mir machen kannst was Du willst, denn ich lasse mich nicht mehr aus der Ruhe bringen. Bei mir wirst Du durch dieses Buch viele neue Erkenntnisse sammeln, die Du sicher erfolgreich bei Deinem inneren Weg in der bedingungslosen Befolgung der Lehre Jesu durch die Führung des Heiligen Geistes in Deinem Herzen erlernen und in Deinem weiteren Leben umsetzen kannst.

3. Mein Ich will

Wenn Du noch ein kleines Kind von einem Jahr bist, dann hast du noch keinen eigenen Willen, aber durch Stimmen der Eltern kannst du Dich über Laute als Babysprache verständigen. Du fängst an Deinen kleinen eigenen Willen zu entwickeln. Wenn dir etwas nicht passt, dann fängst Du an zu weinen und Dein Ego beginnt zu wachsen. Wenn Du älter wirst dann beginnst Du immer vermehrt Dein kleines Ego für Deinen eigenen Willen einzusetzen, damit Du lernst Deinen Willen auch zu benutzen. Als immer älter werdendes Kind beginnst Du immer mehr Dein Umfeld wahrzunehmen und wirst von ihr geprägt und erlernst schnell Deine Grenzen stückweise durch die liebevolle oder schon kleine egoistische Weise zu erweitern. Nach der Lehre von Jesus Christus soll ein Kind in den ersten sieben Jahren in der Liebe ausgebildet werden und dann erst in die Schule kommen, um später als Vater oder Mutter sein eigenes Kind genauso erziehen zu können.

Die Sache ist nur so, dass ein Kind das nicht liebevoll aufwächst, für den Rest seines Lebens Verhaltensmuster anlegt, das auf Dauer depressiv und auch krank macht. Des Weiteren wird es mit seinen Kindern auch so umgehen. Das geht so über Generationen so vor sich und jeder kann sich sein Teil daran denken. Viele Kinder erlernen so vom Vater oder der Mutter solche Lieblosigkeit und dadurch beginnt die Zivilisation immer mehr egoistischer sowie liebloser zu werden. Je mehr der Wohlstand in den Industrieländern zunimmt, umso mehr entsteht die Elenbogengesellschaft und jeder denkt nur noch an sich. Das hat Jesus Christus vor zweitausend Jahren schon vorher gesagt und es steht auch in der Heiligen Schrift unter dem Propheten Amos (Kapitel 8; Vers 11-12). Das erste Wort Gottes war das Wort Liebe, um das er aller aus Liebe erschuf und wir sind dazu aufgerufen, alles in Liebe zu tätigen! Je älter wir werden umso mehr fangen wir an unsere Umwelt für unsere Wünsche zu manipulieren und Geld, Macht sowie Besitz treten in den Vordergrund und alles Liebe und Gute fällt hinten rüber! Das ist natürlich nicht überall so, aber in den meisten Fällen trifft das zu. Wir Männer sind rational und die Frauen sind emotional gesteuert und das ist auf beiden Seiten nicht gut! Das liebevolle Herz sollte immer die treibende Kraft unseres Denken und Handeln sein.

Wir sollten immer uns bewusst machen, das wir durch die Lehre Jesu das erkannt haben und jetzt auch zum Täter des Wortes als Lehre Jesu der bedingungslosen Liebe werden! Nur durch die Verschmelzung im ganzen Wesen mit Jesus Christus sind wir vollkommen im Herzen erwacht und sind wieder eins mit Jesus Christus und Gott Christus!

Am Anfang einer Liebesbeziehung findet man den Partner einfach toll, weil sich jeder von seiner besten Seite zeigt. Wenn die erste Phase des verliebt seins dann dem Alltag weichen muss, dann beginnen die Partner teilweise zu erwachen und fangen an den Partner sich zu Recht zu biegen. Das Ego fängt jetzt schnell an massiv zu wachsen und jeder ist bemüht seine Wünsche schnell in der Ehe oder Beziehung umzusetzen, um das eigene Ego zu befriedigen. Jesus Christus hat sich vor allen Mitmenschen gedemütigt und hat seinen Jüngern vorgemacht, was ein egofreies Leben bedeutet. Jesus Christus wusch wie ein Sklave seinen Aposteln die Füße, um ihnen vorzuleben, wie er sich als Gott Christus vor ihnen demütigt und eine sehr niedrigere Stellung einnimmt, wie sie es einst waren. Er hatte so eine liebevolle machtvolle Ausstrahlung die sich keiner entziehen konnte. Er sprach zu seinen Aposteln, als der Streit unter ihnen ausbrach, welcher denn der Führer der Apostel ist, um diesen nach seiner Weise zu schlichten. Er sagte dass derjenige der die Apostel anführen will, der kleinste unter ihnen sein muss, um allen

Apostel die Demut vorzuleben und als Vorbild zu dienen. Machen wir das auch?

Wenn du es in kleinen versuchst dann bist du schon gut! Gott Christus kann uns allen geben was wir von ihm liebevoll wünschen, aber die Demut kann er uns nicht geben, weil wir sie uns selbständig im Herzensgebet und im liebevollen Dienen erarbeiten müssen. Unser Herz ist wie ein Acker der voll von guter sowie böser Saat ist. Der eigene Wille wird immer mehr vom eigenen Egoismus geprägt, sodass der Hochmut immer mehr in den Vordergrund tritt, weil er besser sowie intelligenter sein will, wie es Gott Christus als Heiliger Geist ist. Wie gesagt muss Gott Christus den Willen des Kindes absolut achten, damit es lernt für sein Tun selbstverantwortlich zu sein und sich als Schöpfer seines eigenen Lebens absolut bewusst zu werden. Nur durch die hingebungsvolle Liebesbeziehung zu Jesus Christus als guten Hirten sowie Vermittler zwischen Dir und Gott Christus, lernst Du allmählich Deinen Willen dem Willen Gottes zu unterstellen, um ihn im Einklang handelndes Kind zu lernen, in deinem Leben wie Gott Christus oder Jesus Christus zu handeln. Du wirst in aller Ewigkeit Deinen eigenen Willen behalten, aber durch die innere Verschmelzung mit dem göttlichen Willen, fängst Du langsam an zu verstehen, danach in Deinem Leben als Schöpfer oder Schöpferin zu wirken. Ich wollte viele Jahre aus Liebe zu Gott Christus keinen eigenen Willen mehr haben und wollte wie eine Maschine aus dem Heiligen Geist funktionieren. Ich fühlte mich dabei ausgesprochen sehr wohl, denn ich war der Meinung das ich so am besten Gott Christus dienen konnte. Ich wollte aus falsch verstandener Liebe alle erlösen und alle lieben sowie böse Kinder Gottes zusammenführen! Ich habe Gott Christus und Jesus Christus immer wieder im Herzensgebet Vorwürfe gemacht, weil sie so seit tausenden von Jahren, wie man es in der Heiligen Schrift deutlich lesen kann, so mit den Kindern Gottes wie das Heilige Gottesvolk Israel als Juden umgehen. Ich hörte nur dass bald der Zeitpunkt kommen wird, wo ich ganz von alleine im Herzen das verstehen sowie selber danach handeln werde, denn das böse sowie ungehorsame Treiben gegen die Gebote Gottes Christus muss man liebevoll, aber richtend strafend begegnen. In das Reich Gottes als das himmlische Jerusalem kommt nur jemand hinein, der absolut gehorsam sowie alles sündiges Verhalten in liebevoller verschmelzender Hingabe mit Jesus Christus durch die Führung des Heiligen Geistes überwunden hat und somit ein wahrer Jünger Jesu ist, der die Lehre Jesu verinnerlicht sowie zum Vollzug gebracht hat. Nur durch die bedingungslose Nachbefolgung Jesu kannst Du lernen sowie im Herzen verstehen, wie Jesus Christus als Dein guter Hirte Dich lehren will, so zu handeln wie er es an Deiner Stelle vollbringen würde, um alles nach dem göttlichen Willen Gott Christus der auch sein Wille ist, zu vollbringen. Seit Beginn der Zeit durch die Erschaffung von Adam und Eva als Ebenbild Gottes, die gemeinsame Herrschaft über die Natur sowie Tiere hatten, wurden ständig vom Gott Christus geleitet und wurden liebevoll ernst hingewiesen auf seinen göttlichen Willen zu hören. Durch den Satan als Schlange wurden die ersten Kinder Gottes im Garten Eden den ersten Ungehorsam gegen das Gebot als göttlichen Willen nicht vom Baum der Erkenntnis zu essen, versucht. Als Eva und Adam der Versuchung Satans erlegen waren und vom Baum der Erkenntnis aßen, war durch den Ungehorsam gegen den göttlichen Willen war das Ego als Hochmut sowie die Sünde geboren! Der Vater der Lüge ist seitdem dabei das Werk Gottes Christus ständig zu durchkreuzen und seine bösen Werke an den Kindern Gottes immer schlauer, böser und lügenhafter zu verrichten. Gott Christus hat seinen Plan mit seiner Schöpfung und niemand kann diesen Plan auf Dauer durchkreuzen und mutwillig missbrauchen. Gottes Gericht wird jedes Kind erbarmungslos eines Tages treffen, der wie der Satan gegen alle göttlichen Gebote sich böse widersetzt und nicht seinen göttlichen Willen aus kindlicher gehorsamer Liebe sich zum Eigentum macht. Erst wenn das Ego als Hochmut im Herzensgebet durch das liebevolle gehorchen des göttlichen Willens sowie dessen Befolgung, kann langsam aber sicher ein wahrer Frieden sowie Freude eintreten, dem niemand mehr nehmen kann, weil alle Trennung zwischen unserem und dem göttlichen Willen durch die Führung des Heiligen Geistes nicht mehr besteht.

4. Die Sünde

Wie die Sünde in die Welt kam, habe ich schon in den vorherigen Kapiteln schon zum kleinen Teil anfänglich beschrieben. Jetzt möchte ich mehr in diesem Kapitel sehr ausführlich eingehen. Durch die Erschaffung von Adam hat Gott Christus ein Ebenbild erschaffen, das er eigentlich selbst ist. Dann erschuf er aus der Rippe wie wir der Heiligen Schrift entnehmen können seine Partnerin die Eva, die auch eigentlich Adam und somit auch ein Sohn Gottes Christus ist. Diese hatten ein vollkommenes Bewusstsein und waren durch die liebevolle Unterweisung von Gott Christus die wahren Herrscher als Kinder Gottes im Garten Eden. Beide konnten sich mit allen Pflanzen sowie Tieren austauschen und somit lernen den Garten Eden selbstbewusst zu nutzen und zu vermehren. Gott Christus besuchte oft seine Kinder und belehrte beide in allem was sie für ihr neues göttliches Leben im Garten Eden wissen mussten. Für sie gab es noch keinen Ungehorsam sowie eine Trennung des Bewusstseins von Gott Christus. Gott Christus sorgte für beide und Adam war der Herrscher über die anvertraute Erde. Beide kannten noch keine Erkenntnis von Gut und Böse oder anderer Unterscheidung, weil beide das Gebot nicht vom Baum der Erkenntnis zu essen noch befolgten und somit noch ohne Sünde wahren, wie Gott Christus als ihr himmlischer Schöpfer war. (1.Mose 2; Vers 17) Der Satan kam als Schlange in den Garten Eden und versuchte die Eva vom Baum der Erkenntnis als Frucht zu essen, das sie absolut nicht durfte. Die Eva ließ sich darauf ein und gab Adam die Frucht. Somit kam der Ungehorsam als Sünde sowie der Tod durch den Vater der Lüge als den Satan ins Fleisch kam und somit war die Sünde geboren und der sündige Fall der Menschheit durch den Ungehorsam Adams sowie Evas war besiegelt. Der Tod kam ins Fleisch und alle Menschen müssen somit sterben, weil der Tod jetzt Macht hat durch den Satan über alle Kinder Gottes Christus. Gott Christus vertrieb beide aus dem Garten Eden, damit sie auch noch vom Baum des Lebens essen, damit sie nicht ewig leben. (1. Mose 3; Vers 1-24) Gott Christus ist ein gerechter liebevoller himmlischer Vater und will absoluten Gehorsam von seinen Kindern, damit sie lernen wie er zu handeln und dem Bösen keine Tür im Herzen zu öffnen. Durch den Fall Adams und Evas kam wie gesagt die Trennung von Gut und Böse ins Bewusstsein und somit in die Welt. Das war erst die erste Geburt der Sünde und alles weitere folgt unausweichlich in die Menschheit wie zum Beispiel der Brudermord an Abel von Kain getrieben durch Eifersucht, Wut sowie Neid, das sein Opfer nicht genauso von Gott Christus angenommen wird, wie vom Abel. (1.Mose 4; Vers 1-8) Die böse Saat des Satans als schlaue Schlange kam immer mehr zum Tragen und diese böse Saat ist bis heute in der Welt der Menschheit noch vorhanden. Es musste einen Erlöser kommen, der alle Sünde auf sich nahm und den Sündenfall von Adam sowie Eva auf durch seinem Tod am Kreuz für immer für alle Kinder Gottes als neuer Adam für alle Ewigkeit überwindet und auflöst. Dieser Erlöser war wie durch viele Propheten angekündigt der Sohn Gottes Jesus Christus als Messias der durch seinen eigenes Opfer als Mensch durch den Tod am Kreuz sein Leben aus bedingungsloser Liebe hergab, um alle Kinder Gottes von der Sünde zu erlösen, die an ihn glaubten und seine Lehre verinnerlichten, damit sie durch ihn den ewigen Zugang zu Gott Christus wieder haben und somit als freie Kinder Jesu sind und somit keine Sünder im Sinne Gott Christus sind. (Römer 5; Vers 18) Wie im Römerbrief steht das durch die Sünde des Einen als Verdammnis über alle Menschen gekommen ist, so ist auch durch die Gerechtigkeit des Einen für alle Menschen die Rechtfertigung gekommen, die zum Leben führt. Im 6. Kapitel des Römerbriefes Vers 3 + 4 steht: Oder wisst ihr nicht, dass alle, die wir auf Christus Jesus getauft sind, die sind in seinen Tod getauft? So sind wir ja mit ihm begraben durch die Taufe in den Tod damit, wie Christus auferweckt ist von den Toten durch die Herrlichkeit des Vaters, auch wir in einem neuen Leben wandeln. Jesus Christus hat durch den Tod und die Auferstehung den Tod wieder in ein ewiges Leben umgewandelt, für alle Kinder Jesu die an seine Auferstehung glauben und somit mit ihm vom sündigen Tod mit auferstanden sind und somit keine Sünder mehr sind sowie nicht mehr sündigen können, das sie in einer festen Liebesbeziehung zu Jesus Christus sind und das ewige Leben schon auf der Erde haben sowie durch die Herrlichkeit des Vaters in einem neuen Leben wandeln, die fest im Glauben zum Erlöser Jesus Christus stehen. Der Satan will immer wieder uns einflüstern das wir elende Sünder sind und somit immer wieder sündigen. Wir sollen ewige Buße tun und immer uns als ewige Sünder fühlen, obwohl wir in aller Ewigkeit von der Sünde durch das Opferlamm Jesu freigekauft sind. Jedes Kind Gottes das sein Leben ganz bewusst im Herzen Jesus Christus übergibt und mit ihm durch den Heiligen Geist im ganzen Herzen verschmilzt und Jesus Christus immer mehr im Kind Gottes aufersteht und die Führung als Heiliger Geist übernimmt, kann absolut nicht mehr sündigen und ist somit kein Sünder im Sinne Gott Christus mehr. So im 8. Kapitel des Römerbriefes Vers 1 steht das: So gibt es nun keine Verdammnis für die, die in Christus Jesus sind. Der einzige der in die ewige Verdammnis und somit über ihn das göttliche Gericht ausgesprochen wird, das ist der Satan und seine Gefolgsleute als Dämonen, Teufel und böse gottesfeindliche Kinder Gottes, die keine Liebesbeziehung zu Gott Christus haben und somit in den Krieg gegen Gott Christus durch die böse Führung des Satans als Erzengel Luzifer ziehen, um die böse Herrschaft über die Schöpfung anzutreten. Dieses wird niemals geschehen, da Gott Christus seinem einzigen Sohn Jesus

Christus die vollkomme Herrschaft sowie Macht über die ganze Schöpfung übergeben hat, damit er die ganze Schöpfung eines Tages vollkommen richtet und die vermeintliche böse Macht des Satan schon durch seinen Opfertod sowie Auferstehung vollkommen besiegt hat und den Satan und sein Heer in den Feuerofen der ewigen Pein wirft, die eine vollkommene göttliche Strafe sowie endliches Gericht ist. Alle Kinder Jesu die eine heilige Braut als Gemeinde die zu dem Bräutigam Jesus Christus gehören, werden alle vom Leiden durch den Satan erlöst, denn sie wurden alle durch den Opfertod als freie Kinder Jesu wieder zurück in das Herz Gottes Christus geführt und somit sind sie freie ewige Bürger des göttlichen himmlischen Jerusalems. Durch den Sündenfall kam der Tod und die brutale Gewalt in das Leben aller Kinder Gottes als Menschen auf der Muttererde und dieser Verfall zieht sich bis in die heutige Zeit hinein! Die Gewalt wird durch Filme, Serien sowie in allen anderen Medien als Nervenkitzel verherrlicht und die meisten Menschen glauben das die Gewalt zum Leben in der Welt dazu gehört. Die brutale Gewalt hat über die Jahrtausende von Jahren immer mehr zugenommen, weil der Satan sein böses treiben unaufhörlich immer wieder weiter betreibt und somit viele in den ewigen Tod mitreist! Dieses böse treiben wird in einen sehr bösen Fall der Menschheit enden und der himmlische Vater Gott Christus hat mit allen seinen Kindern Gottes einen heiligen Plan, den wir alle bewusst oder unbewusst leben und somit vollbringen. Das Gericht wird eines Tages über alle bösen Kinder Gottes kommen und ihr Lohn für ihr böses Tun wird der ewige Tod im Feuerofen sein und die lieben Kinder Gottes die zu dem Sohn Gottes Jesus Christus gehören, werden alles gut überstehen und am Ende wird er wie in der Offenbarung angekündigt kommen, um uns alle abzuholen, damit wir an seinem Tisch Platz nehmen können, um für immer mit ihm und den Vater Gott Christus im goldenen Jerusalem zusammen zu sein.

5. Das heilige Volk Israel

Ich muss ehrlich gestehen dass ich dem heiligen Volk Israel nicht in allen Punkten übereinkomme und diesem aus seiner Geschichte wie es auch im Alten Testament in der Heiligen Schrift zu lesen ist. Gott Christus hat mit seinem Volk immer wieder Ärger, weil es zu allen Zeiten widerspenstig, hochmütig sowie Götzen dienend ist und sich gegen den Willen Gott Christus oft widersetzt. Wie im 2. Buch Mose im 3. Kapitel; Vers 1-22 kannst Du lesen wie Moses von Gott Christus berufen wird, um sein Volk aus der Knechtschaft Ägypten zu befreien. Der Pharao von Ägypten widersetzte sich der Aufforderung Moses und sowie seines Bruders Aron und Gott Christus musste mächtige zehn Plagen einsetzen, um seinen göttlichen Willen durchzusetzen. Der Pharao ließ das Volk dann endlich ziehen und Mose führte das Volk Israel aus Ägypten heraus. Als der Pharao das gehen lassen bereute, verfolgte er es und musste mit eigenen Augen sehen wie Gott Christus es durch Mose davon erlöste, indem es durch das geöffnete Meer sicher führte. Aber bevor das Volk befreit wurde, fing es wieder aus Angst sich gegen Mose und somit indirekt gegen Gott Christus aufzubegehren und widerspenstig zu sein. Das ist nur ein Beispiel wie fürsorglich Gott Christus für sein Volk Israel ist und alles tut um es in das geheißene Land Kanaan zu führen und sie auf den direkten Weg dorthin als mächtige Feuersäule zu führen. Wieder murte das Volk Israel auf und wolle Fleisch und Brot haben, das er ihnen durch Wachteln und Manna vom Himmel ihnen gab. (2.Mose 16. Kapitel). Gott Christus tat und tut alles was in seiner göttlichen Macht steht, sein Volk Israel geduldig nach seinem göttlichen Willen zu erziehen, aber es ist dauernd widerspenstig und ist kaum zu befriedigen. Gott Christus erschien am Berg Sinai und offenbarte seinen göttlichen Willen als zehn Gebote (2.Mose 20 Kapitel;

Vers 1-17) und er schloss mit seinem Volk einen neuen Bund (2.Mose 19.Kapitel; Vers 5-6) und er sprach: Werdet ihr nun meiner Stimme gehorchen und meinen Bund halten, so sollt ihr mein Eigentum sein vor allen Völkern; denn die ganze Erde ist mein. Und ihr sollt mir mein Königreich von Priestern und ein heiliges Volk sein. Nach der mündlichen Benennung sowie Erläuterung durch Gott Christus der zehn Gebote ging Mose vierzig Tage und vierzig Nächte auf den Berg Sinai, um Vorgaben für den Bau der Bundeslade und die Stiftshütte nach dem Willen von Gott Christus zu erhalten sowie zwei Steintafeln mit den zehn Geboten die er Mose übergab. Alle genauen Einzelheiten kannst Du in der heiligen Schrift entnehmen. Als Mose nicht zurück kam und das Volk Israel ungeduldig wurde, beschloss es ein goldenes Stierbild zu machen, um es als sein Gott anzubeten. (2. Mose; 32. Kapitel; Vers 1-6) Dieses duldet Gott Christus nicht und bestraft den Abfall von ihm. Das Volk Israel ist wiedermal unbelehrbar und tut was es will und das geht so seit tausenden Jahren, wie wir in allen Büchern des Alten Testamentes entnehmen können. Aber Du fragst Dich auch, warum das Volk Israel es so macht. Das liegt eben genau an der ständigen bösen Beeinflussung durch den Satan, der unentwegt dabei ist das heilige Volk Israel gegen den Willen Gottes Christus aufzuwiegeln und für sein böses Werk gegen ihren eigenen Willen zu missbrauchen. Ich habe mich oft gefragt, bevor ich erwachte, warum dass Gott Christus zulässt und dann so mit seinem heiligen Volk umgeht. Kleine Kinder brauchen von Geburt an eine liebevolle strenge Erziehung, damit die kleinen Lebensbäumchen nicht krumm in die Höhe wachsen. Wenn man kleine Kinder von Anfang an alles machen lässt, dann wächst ihr kleines Ego und später hat man verwöhnte kleine Prinzen sowie Prinzessin, die einen vollkommen auf der Nase rum tanzen. Und so ist das heilige Volk Israel auch und muss immer wieder mit liebevoller ernster eiserner Hand geführt sowie durch selbstverschuldendes Leid geläutert werden. Früher haben mich die vielen Kriege die das Volk Israel über sich ergehen lassen musste, beziehungsweise auch selbst nach dem Willen Gott Christus durchführen musste, sehr angewidert und fand es abstoßend. Heute durch die liebevolle Führung des Gottes Christus durch seinen Heiligen Geist verstehe ich sein göttliches Handel immer mehr und handle jetzt genauso wie er mit allen bösen Mächten des Satans, die nur eines im Sinn haben, mich in die Irre zu führen und das ich mich vom Vater Gott Christus lossage und mich auf die böse Seite vom Satan schlage, was aber in aller Ewigkeit unwiderruflich niemals geschehen wird, weil der Satan notorisch lügt und nichts einhalten will.

Wenn ein Kind in der Liebe von klein an erzogen wird, das lernt es auch als Erwachsener liebevoll mit seinen Mitmenschen umzugehen. In vielen Kindern Gottes keimt die böse Saat des Satans unentwegt weiter, weil jedes Kind durch mangelnde Gedanken und Verhaltenskontrolle sowie an eine Existenz, eines bösen Satan nicht glaubt und somit ein guter Spielball für böse Intrigen sowie Manipulationen ist. Der Glaube an Jesus Christus und an Gott Christus ist teilweise nur klein vorhanden und somit sind sie in großer Gefahr das ewige Leben zu verlieren, wenn sie weiter so lau mit ihrem Leben umgehen. Jesus sagte schon zu seiner Erdenzeit, das die Liebe in den Herzen verhärten sowie liebloser werden wird und dass die Menschen als Kinder Gottes sich wieder nach reiner Liebe sehnen, aber bei niemanden ehrlich finden. Sie suchen mit ihrem egoistischen Verstand und lernen nicht in ihr Herz zu gehen, um die bedingungslose Liebe Gottes Christus und Jesus Christus als Feuer des Heiligen Geistes in ihrem Herzen zu spüren. Ich weiß aus eigener Erfahrung wie es so wichtig ist eigenständig aus seinem freien liebesvollen feurigen Herzen heraus zu leben, um für alle Kinder Gottes als Jünger Jesu ein Vorbild zu sein und das Feuer als Licht in die dunkle böse Welt ausstrahlen zu lassen, damit viele den Rückweg nach Hause sicher antreten können, um ganz mit Gott Christus als ewiges eigenständiges Feuer zu verschmelzen. Das Volk Israel hat aus eigenen Antrieb nie richtig gelernt aus dem freien Herzen zu handeln und wurde ständig angehalten sich aus einem nicht gedemütigten Egoismus zu handeln. Es gab auch Zeiten wo das Volk Israel Buße tat und wieder sich eine Zeit dem Willen Gott Christus gehorsam demütig unterordnete, aber es hielt meist nur eine Generation an und dann begann der Ungehorsam von neuen. Letztes Ende stammen wir alle, also alle Menschen auf der Muttererde, von Noah bzw. von Abraham ab, den Gott Christus berief seinen Anweisungen fest zu vertrauen und in das Land Kanaan zu ziehen und versprach im zahlreiche Nachkommen, so dass es durch ihn ein große Volk wird und alle segnen die ihn segnen und alle anderen verfluchen, die ihn auch verfluchen. (1 Mose 12. Kapitel Vers. 1-3). Wenn ich das jetzt genau in meinem Herzen inniglich betrachte, haben wir alle Menschen auf der Muttererde jüdische Wurzeln als unseren eigenen Lebensbaum und der geschürte Hass aller anderen Religionen durch den Satan Schaden sich nur selbst! Da Jesus Christus nur sein Volk vom Reich Gottes belehren und somit auch von ihrem falschen Denken sowie Handeln heilen wollte, indem er seine Lehre der bedingungslosen Liebe in seinem ganzen Wesen vorlebte, damit er alle zurück in das Vaterherz Gott Christus führen konnte, die ihn als Messias im Herzen erkannten und somit seine Lehre auch verinnerlichten und ihm bedingungslos in voller inniger Herzensliebe nachfolgten! Er wollte nie eine neue Religion erschaffen, sondern sein Volk als Juden für immer aus ihren Jahrtausenden sündigen Verhalten, nach den Willen seines Vaters Gott Christus durch den eigenen Tod am Kreuz für alle Ewigkeit zu erlösen! Alle Religionen haben die Menschen als Kinder Gottes erschaffen und nicht der himmlische Vater Gott Christus. Dieser will nur eine innige Herzensgemeinschaft mit allen seiner Kinder Gottes auf der Muttererde haben und das er als alleiniger Gott und Schöpfer sie lenkt, unterweißt und mit ihnen zusammen auf der Muttererde wieder in herzlicher Gemeinschaft lebt! Somit müssen wir absolut erlernen und unbedingt verinnerlichen das wir Christen durch die innere vollkommene Verschmelzung in uns selbst mit Jesus Christus und somit auch mit Gott Christus, wir alle im geheilten Herzen Juden sind und wir unserer Wurzel unseres Lebensbaum vollkommen wieder bewusst wird! Und alle antisemitischen Anfeindungen sofort aufhören, weil wir uns und im besonderen Gott Christus vollkommen entheiligen!

6. Das wahre Leben von Jesus Christus

Hast Du dich einmal in Deinem Herzen gefragt wie Jesus Christus wirklich war und wie er im heutigen Israel gelebt hat? Ich habe seit meinem achten Lebensjahr als ich ein Jesuskind wurde, sehnte ich mich seit diesem für mich sehr intensiven Erlebnis, nach der bedingungslosen freudigen Liebe Jesu, die mich all den Jahren meines Leid erfüllten Lebens nie an ihn zweifeln oder misstrauen lies. Das sehnen nach seiner unbeschreiblichen Liebe war eigentlich ein sehnen nach der Liebe meines himmlischen Vaters Gott Christus. Ich wollte erst ein Jesuskind sein, dann ein Jünger Jesu, um später wie Jesus zu sein, aber in Wirklichkeit wollte ich sein wie der himmlische Vater Gott Christus. Gott Christus kam als Sohn Gottes ins Fleisch als Mensch und wählte die absolute Armut als reicher mächtiger Gott Christus, obwohl er als mächtiger Gott alle Annehmlichkeiten als Mensch haben konnte. Er wurde von Beginn an seiner angekündigten Geburt verfolgt und man trachtete ständig nach sein ganzes Leben, bis er sich selbst den Häschern Herodes und den Pharisäern sowie Schriftgelehrten freiwillig als angekündigtes Opferlamm hingab. In der Heiligen Schrift in den vier Evangelien ist nur teilweise vom Leben Jesus Christus beschrieben. Nur im Lukas-Evangelium ist von der Ankündigung der Geburt bis zum Tod am Kreuz alles aufgeführt. Wer mehr über das Wirken Jesu und Leben erfahren möchte, sollte das Jugendbuch Jesu und das große Johannes-Evangelium von Jakob Lorber lesen, das im Lorber-Verlag erschienen ist. Ich habe immer mehr versucht das Leben von Jesus Christus in meinem Leben zu verinnerlichen, weil er mein ganz persönliches Vorbild war und auch noch heute ist. Ich möchte jetzt Dir mit eigenen Worten aus dem Leben Jesus Christus berichten, denn die Lehrzeit Jesu durch das Johannes-Evangelium umfasst über 5.000 Seiten und würde den

Rahmen dieses Buches erheblich sprengen. Maria wurde vom Erzengel Gabriel über die anstehende Empfängnis durch den Heiligen Geist Gottes Christus informiert und Maria wurde als Jungfrau ohne Begattung eines Mannes schwanger und sie sollte ihren Sohn Jesus nennen. Josef meinte dass Maria ihn betrogen hat und wollte sie nicht mehr heiraten. In einem intensiven Traum sprach Gott Christus mit Josef und belehrte ihn das er Maria heiraten und das Kind Jesus nennen sollte. Als das Gebot vom Kaiser Augustus ausging, dass die Welt geschätzt wurde, mussten Josef und Maria in die Stadt Betlehem seiner Geburt von Josef ins Verzeichnis eingetragen sein. Als beide dort ankamen, kam die Zeit in der Maria gebären sollte. Sie fanden aber keine geeignete Unterkunft und hatten in einen Schafstall eine Bleibe für die anstehende Geburt schnell gefunden. Schafshirten und die drei Könige aus dem Morgenland waren die ersten die das Kind Jesus in einer Krippe angebetet haben. Als König Herodes davon erfuhr dass ein neuer König geboren war, wollte er alle zweijährigen Kinder als Söhne töten. Josef, Maria und Jesus mussten nach Ägypten fliehen, um nicht auch getötet zu werden. Als zwölfjähriger Sohn kam er nach Israel zurück und begab sich zum Passafest mit seinen Eltern in den Tempel zu Jerusalem. Jesus blieb im Tempel und belehrte die Pharisäer sowie Schriftgelehrten aus der Heiligen Schrift. Josef und Maria gingen nach Hause ohne zu merken, das Jesus nicht bei ihnen war. Als sie es merkten suchten beide ihn sorgenvoll und machten Jesus große Vorwürfe dass er ohne ihr Einverständnis einfach alleine im Tempel blieb. Jesus antwortete nur dass er wohl im Hause seines Vaters bleiben sollte, aber er fügte sich seinen Eltern und ging mit ihnen zurück nach Nazareth. Seit dem zwölften Lebensjahr bis zum dreizigsten Lebensjahr ist nichts bekannt. Erst als Jesus mit seinem Lehramt begann, wurde wieder über sein Leben als Sohn Gottes in den vier Evangelien im neuen Testament berichtet. Josef und Maria wollten immer das Jesus in die Schule und in die Synagoge ging, aber Jesus weigerte sich sehr dagegen und ging nicht hin. Jesus arbeite gehorsam als Zimmermann im väterlichen Betrieb und war sehr in sich gekehrt sowie wortkarg. Die Menschen von Nazareth meinten er wäre blöd und dumm. Bevor Jesus mit seiner Lehrtätigkeit begann, ging er viel in die Natur der umliegenden Berge, um im Herzensgebet sich seiner fleischlichen menschlichen Begierden zu entledigen und sich im liebevollen Gehorsam seinem Vater Gott Christus zu öffnen. Er kam nach vielen Tagen der Einsamkeit durcheinander, abgemagert und mit zerrissener Kleidung zurück ins elterliche Haus. Er wurde immer nicht verstanden und hoffte sehr auf familiären Beistand, damit er ein bisschen Unterstützung von ihnen bekam. Josef war schon einmal verheiratet und mit seiner verstorbenen Frau hatte er einige Söhne, die alle im väterlichen Betrieb als Zimmerleute arbeiteten. Der jüngste Sohn Josefs Jakob kümmerte seit seiner Geburt um Jesus und war ein enger Vertrauter von Jesus und später wurde er auch von Jesus zum Apostel berufen. Maria und Josef warteten ungeduldig dass ihr Sohn Jesus endlich seine Aufgabe als Sohn Gottes beginnt. Viele Frauen waren unsterblich in Jesus verliebt und begehrten ihn als Mann. Jesus verwehrte sich geduldig, aber bestimmend, bis er alle fleischlichen Begierden als Wollust und andere fleischliche Sünden durch die Versuchung des Satans unwiderruflich aus seinem göttlichen Sein endgültig verbannt, das er ja von Geburt ohne Sünde war, um eines Tages sein Leben als Messias und Erlöser als geschlachtetes Lamm die Sünde aller Menschen auf sich zu nehmen, damit alle an ihn glauben ohne Sünde sind und durch seinen Tod am Kreuz das ewige Leben haben. Jesus ging vierzig Tage in die Wüste um sich aller Begierden zu entledigen und wurde dann dreimal vom Satan versucht. Als diese bösen Versuchungen sicher abgewehrt wurden, ging

Jesu los um seine Apostel zu ernennen und sich vom Täufer Johannes im Jordan taufen zu lassen. Jesus fing langsam an zu wirken und seine zwölf Apostel waren einfache Fischer die er in die göttliche Lehre des Reiches Gottes erst einmal einführen musste. Sie schauten und hörten nur zu und wurden von Jesus durch seinen Geist beschützt und geführt. Er lehrte sie sich im Herzen mit ihm auszutauschen und nicht viel über die verbale Sprache es zu tun. Erst nach einiger Zeit und nach der Beendigung der Lehrzeit und Tod am Kreuz wurden sie von Jesus zum Predigen des herbeikommenden Reich Gottes aufgefordert, in dem er nach seiner Auferstehung und seiner Himmelfahrt den Heiligen Geist als Tröster sowie als Lehrer von ihm empfangen haben. Die Apostel konnten wie Jesus Kranke Heilen, Besetzungen entfernen sowie Tote erwecken. Sie waren sich immer im Herzen bewusst, das Jesus es durch sie es tat und sie nur die Knechte Jesu waren. In der Heiligen Schrift sind alle wichtigen Geschehnisse sowie Predigten als Gleichnisse in den unterschiedlichen vier Evangelien nachzulesen. Die Apostel Johannes und Matthäus waren als Schreiber der Lehre benannt worden. Sie sollten nach unterschiedlichen Unterweisungen die Evangelien danieder schreiben. Sie haben nur das wichtige aufgeschrieben, weil wie heute üblich Papier, nur als gegerbte Tierfälle als Schreibmaterial vorhanden war und nicht sehr viel Papier zu bekommen war. Jesus besaß nichts und war persönlich bettelarm, aber in der Einheit des Geistes Gottes war er mächtig und reich. Er lebte die geistige Fülle und zeigte allen Menschen die wahre Demut und bedingungslose Liebe. Er hatte eine sehr liebevolle machtvolle Ausstrahlung und jeder der ihm begegnete war hin und weg und viele römische Machthaber waren seine Freunde und wurden von ihm unterwiesen liebevoll nach seiner Lehre das Land nach seinen Willen zu regieren. Jesus ordnete sich den römischen sowie den jüdischen Gesetzen unter und vollzog alle Prophezeiungen die seit

Anfang der Zeit in der Heiligen Schrift durch die Propheten angekündigt bis zu Tod am Kreuz. Seine Mutter Maria verstand erst nach seiner Auferstehung ihren Sohn und verinnerlichte seine Lehre. Sie arbeitete als Wehmutter und heilte viele Kranke. Jesus prophezeite ihr das sie wegen ihm eines Tages, wenn er am Kreuz sterben wird, viel Leid erfahren wird und später sehr viele sie anbeten werden und sie mehr Beachtung finden als bei ihn. Sie hat nach ihrer eigenen Himmelfahrt eine Sonderstellung im Himmel als irdische Mutter des göttlichen Sohnes Jesus Christus. Wenn Du Jesus Christus in Deinem Herzen intensiv kennenlernen willst, dann begebe Dich auf den stillen einsamen Weg zurück zu Jesus Christus in Deinem Herzen. Versuche es ruhig, denn dieses wirst Du niemals bereuen. Erst durch die persönliche Beziehung mit Jesus Christus in Deinem Herzen kannst Du den wahren Frieden finden und seine bedingungslose Liebe spüren, die kostbarer ist als alles andere in der Welt. Ich selbst empfinde diese Liebe als absoluten Beistand und gnadenvolle Segnung in meinem Leben und in einer stillen Zeit habe ich die Traurigkeit intensiv gespürt, wie traurig Jesus Christus war, als ihn Judas für 30 Silberlinge verraten hatte und das Judas den Jesus Christus nach seinem Tod begnadigt hat und ihn nach seiner innigen Buße wieder zu sich ins goldene Jerusalem geholt hat. Auch Judas war seit dem sehr traurig das ihm seinen Herrn aus falscher Liebe verraten hat und somit der Verräter alle Ewigkeit sein wird. Ich habe ihnen beiden dann aus ganzem Herzen meine bedingungslose Liebe in ihre Herzen gegeben und ich hatte den inneren Wunsch sie damit zu heilen, was mir auch gelang. Jetzt wirst Du Dich sicherlich fragen ob das möglich ist und ob ich mir das nur einbilde! Ich möchte Dir nur damit zeigen, dass Du durch ein stilles einfühlsames Gebet alles in bedingungsloser Liebe für Deine Familie, Freunde oder Arbeitskollegen erreichen kannst, denn der himmlische Vater Gott Christus sieht das und wird es mit Dir zusammen durchführen! Ich mache das seit 24 Jahren so und habe schon vielen Menschen das Herz geöffnet und habe Krankheiten wie Krebs usw. mit Jesus Christus zusammen geheilt. Erst wenn Du Jesus Christus und Gott Christus in Deinem Herzen intensiv kennengelernt hat, wie sie beide an Deinem Leben schon immer Anteil hatten und wie sie in Deinem Alltag alles ausführen würden, damit Du allmählich liebevoll geführt lernst so zu handeln wie sie und ihren Willen in bedingungsloser Hingabe zu Deinem Willen zu machen. Jesus Christus ging wie geschrieben immer wieder alleine in die umliegende Natur, um zu beten damit er sich immer mehr mit dem Geist seines Vaters Gott Christus vereinigte, um den Willen seines Vaters Gott Christus in aller Ewigkeit zu tun! Nur der himmlische Vater Gott Christus kennt jedes seiner Kinder sehr genau, ob sie welche Gedanken, Gefühle oder auch Sorgen bzw. auch Ängste haben. Er hat für alle einen Lebensplan, den wir alle gehen, ohne eigentlich zu wissen, was auf uns zu kommt, denn nur im festen Glauben und Vertrauen an die liebevolle Führung Gottes Christus, können alle gnadenvollen Prüfungen des Lebens siegreich gemeistert werden! Jesus Christus hatte selbst im Garten Gethsemane so große Angst, dass sein Schweiß mit Blut vermengt war! Erst nach dem dreimaligen unterstellen seines Willens, dem Willens des Vaters Gott Christus, verlor er seine Angst und die Verschmelzung von beiden vollzog sich für alle Ewigkeit. So ging Jesus Christus innerlich alles überwunden dem brutalen Tod am Kreuz entgegen, um den Willen seines Vaters der auch in ihm war, gemeinsam am Kreuz zu sterben und seinen Leib nach drei Tagen in einen unsterblichen Leib durch die Auferstehung zu vollenden und somit die Herrschaft über die ganze Schöpfung vom Vater Gott Christus zu erhalten und in aller Ewigkeit gemeinsam zu regieren, um eines baldigen Tages das himmlische Gericht über alle böse Kinder, die sich dem Satan bewusst oder unbewusst hingegeben haben, für alle Ewigkeit zu richten und als Gericht in den Feuerofen zu werfen!

7. Die Wahrheit über Gott Christus

In diesem Kapitel will ich Dir die Wahrheit über Gott Christus erzählen, wie ich auf meiner inneren Reise zurück zu Gott Christus an Erfahrungen und Erkenntnisse gesammelt habe. Wie im vorherigen sechsten Kapitel habe ich erzählt wie ich ein Jesuskind wurde. Trotzdem entfernte ich mich von ihm und erst in einem Alter von fünfunddreißig Jahren begann ich durch Meister- und Erzengel-Tarot-Karten meinen inneren dornigen steinigen schmalen Weg zurück ins Licht Gottes Christus. Heute frage ich mich oft warum ich nicht gleich als Kind Jesu zu Jesus um Hilfe gebetet habe, aber heute weiß ich durch den Heiligen Geist, das viele Kinder Gottes noch nicht viel von Gott Christus als Jesus Christus wissen und er viele Millionenfache unterschiedliche Wege für seine Kinder bereit hält, damit auch jedes Kind den Weg zurück in das göttliche Herz Gott Christus findet. Für mich war Jesus Christus mein liebevoller Meister und an Gott Christus habe ich nie gedacht. Er sprach das erste Mal als ein weibliches göttliches Wesen mit dem Namen Lady Nada. Da ich mein ganzes Leben bis zu diesem Zeitpunkt nie eine Liebe von anderen Menschen in meinem damaligen Umfeld gespürt habe, obwohl ich verheiratet und zwei Söhne hatte. Als ich ihre Stimme und die kleine Liebe in meinem Herzen gespürt habe, da war ich im Herzen tief bewegt und aus dieser Liebe ist heute ein mächtiges Feuer geworden. Da begann ich zu Gott Christus zu beten und bat ihn im Herzensgebet als tiefe Meditation mich zu erlösen und ich würde alles tun was in meiner Macht steht, um ihn zu dienen. Dann begann ich meine kindliche Liebe in sein Vaterherz zu geben. Ich fühlte ein kaltes Vaterherz und ich wollte nur meine kindliche Zuneigung sowie meine Einsamkeit zum Ausdruck bringen. Ich hatte bis dahin keine Lebensfreude und wollte nur mit Lichtgeschwindigkeit zurück zu Gott Christus in den Himmel. Aber mit meinem damals noch starken Ego konnte ich niemals in den Himmel kommen und somit musste ich viele Prüfungen über mich ergehen lassen, um eines Tages wieder nur ein Wort Gottes als Wort Liebe zu sein. Heute weiß ich, dass er nur enttäuscht von mir war, weil ich das große Geschenk als Gnade auf seiner Schulungsstätte der Muttererde nicht annehmen wollte, um dann meine große göttliche Aufgabe mich und damit andere vom Satan der in Wirklichkeit Erzengel Luzifer ist, zu befreien sowie alle erdenklichen Türen zu ihm zu schließen und anderen Kindern Gottes über den Satan aufzuklären sowie ihnen durch Selbsterkenntnis zu verhelfen, das mächtige Feuer im ganzen Sein wie Gott Christus es ist zu sein, um als Krieger des Lichtes mit dem Wort Gottes als Feuerschwert in den Kampf für Gott Christus zu ziehen, indem man das Feuer in seinem eigenen Herzen mächtig entfacht und anderen hilft, dieses auch zu tun, um alle Türen in der Schöpfung in aller Ewigkeit für den Satan zu verschließen. Gott Christus als Jesus Christus hat all in den Jahren nie mit mir gesprochen und mir gesagt was ich machen soll. Er hat nur immer in der sogenannten Nichtsprache mit mir gesprochen. Ich hatte immer einen nicht gesprochenen Gedankenimpuls und habe ihn in der Meditation sofort umgesetzt, das der Satan mich wie gesagt zwanzig Jahre massiv böse im Geiste aufgefordert hat ihm in aller Ewigkeit zu dienen und somit keine liebevolle Verständigung im Geiste mit Gott Christus möglich war. Ich habe ihn seit einigen Jahren als einen einsamen sowie traurigen Vater erlebt, der sehr traurig ist, das viele seiner Kinder nichts von ihm wissen wollen und ihn sogar bekämpfen, obwohl er alles tut, um seine Kinder liebevoll zu ermuntern den inneren Weg zurück zu ihm im eigenen Herzen zu gehen. Alles was wir sind und durch ihn haben kommt von ihm. Er selbst gibt als ewiges Feuer seiner unermüdlichen Liebe als göttliche Quelle, bekommt aber so gut wie nie eine kindliche bedingungslose hingebungsvolle Liebe als

Liebesspeise aus dem Herzen seiner Kinder liebevoll zurück! Die Engel und Heilige Kinder beten unentwegt ihn an und loben sowie preisen ihn unermüdlich, aber niemand kommt auf die Idee sein geschenktes Leben und damit verbundener liebevoller Kraft sowie Macht für sich selbst und andere zu nutzen! Ich habe oft ihm Vorwürfe gemacht weil er sein heiliges Volk Israel so oft bestraft hat und vielen Kriegen ausgesetzt hat. Heute kann ich ihn aus eigener Erfahrung sehr gut verstehen, weil ich ihn selber zweimal aus falsch verstandener Liebe heraus gefordert habe und zweimal ein Würgeengel mit seinen Händen an meiner Kehle hatte! Ich wusste noch nicht viel von den göttlichen Gesetzen und Willen, aber eines habe ich dabei auch sehr schnell lernen müssen, das mit ihm absolut nicht zu spaßen ist! Heute bin ich mit ihm in aller Ewigkeit verschmolzen und ich tue alles für ihn, weil er der einzige ist, der mich mein ganzes Leben vom Satan beschützt hat, weil er mehrfach nach meinem Leben trachtete und mir sehr geholfen hat meinen, steilen dornigen, schmalen, dunklen sowie inneren Weg zurück zu ihm unaufhörlich zu gehen, um endlich den Sieg aller Siege über alles Böse durch den Satan zu erringen. Ich habe meine Frau, die Kinder und mein gemeinsames Haus verlassen, um weiter meinen Herzen zu folgen, um die große Aufgabe die nur ich erfüllen kann, zu vollbringen und alle Kinder die zurück zu Gott Christus wollen, mitzunehmen, damit sie auch den Sieg der Siege erreichen sowie erringen können. Gott Christus hat sehr viele Namen, wie zum Beispiel sein heiliger Name ist Emanuel-Jehova-Zebaoth-Jesus Christus. Sein Heiligster Name ist aber „Ich bin“. Dieses wird im nächsten achten Kapitel ausführlich erläutert. Nur durch eine liebevolle hingebungsvolle kindliche Beziehung zu ihm über seinen Sohn Jesus Christus oder auch direkt zu ihm, kannst du die geistigen Geheimnisse seiner Worte als Lehre in der Heiligen Schrift, im Gebet oder durch immer mehr bewussteren Erkennen seines Wirkens in

Deinem Leben, sein unermüdliches Werben und Beistand, im Herzen als seine bedingungslose Liebe fühlen und auch sehen! Er ist der liebevollste himmlische Vater den Du Dir vorstellen kannst, das bedeutet aber nicht, dass er sich alles von Dir gefallen lässt und Dir alle Wünsche durch das Herzensgebet sicherlich immer gleich erfüllt. Erst durch die innere Betrachtung im Herzen als Gebet, wirst Du allmählich von ihm so geführt, dass Du nur das betest, was seinem Willen für Dich entspricht! Ich selbst bete auch immer für meine persönlichen Wünsche, habe aber sehr feststellen müssen, dass diese nie bzw. erst jetzt in Erfüllung gehen, weil ich ihn um nichts mehr bitte, sondern ihm im täglichen Gebet ihn bitte das zu tun was er für mich in der richtigen Zeit vorgesehen hat, weil er ja für alle Kinder Gottes einen Plan hat, den ich nicht kenne, weil ich im Hier und Jetzt lebe und absolut nicht weiß, was auf mich am nächsten Tag auf mich zu kommt. Ich frage ihn immer im stillen Herzensgebet und er antwortet nur damit dass ich nur meinem Herzen folgen und alles weitere ihm überlassen soll! Das bedeutet natürlich dass man einen sehr festen Glauben sowie ein sehr starkes Vertrauen in seine liebevolle Führung hat! Auch ich musste sehr schnell lernen, wenn man zu einem Mitarbeiter Gottes durch seine Gnade berufen wird, einen sehr besonderen Schutz sowie väterlichen Beistand erfährt, aber auch wie andere Propheten es wie in der Heiligen Schrift zu lesen ist, sehr viel aushalten muss und sogar in den Tod geht, um ihm bedingungslos zu gehorchen und zu dienen! Gott Christus ist ein himmlischer Vater, der als ein strenger richterlicher Herrscher der sich um seine Kinder, die ihn sehr bedingungslos lieben, nicht kümmert und sie teilweise im Stich lässt. Das zeigt sich besonders in den Zeiten wo Du in Bedrängnis kommst, indem der Satan Dich absolut manipuliert indem er dafür brutal egoistisch sorgt, das Du eventuell krank wirst z.B. als Depression, Krebs, Geldnot usw. Jeder hat seinen freien Willen und diesen muss der himmlische Vater Gott Christus auch bedingungslos respektieren. Das bedeutet das der Satan solange seine bösen Taten verrichten kann, wie der Vater Gott Christus auch zulässt, bis sein Maß voll ist und er in aller Ewigkeit gerichtet wird! Das gleiche gilt auch für Dich im allgemein. Ich kenne Dich nicht und weiß nicht wer Du bist und was Du alles in Deinem Leben schon getan hast. Nur in der bedingungslosen Annahme Deines Lebens als ein gemaltes Bild des Lebens, kannst Du eines fernen Tages die Heimreise ins Reich der Liebe antreten. Nur welchen Himmel den Du in Deinem Herzen vor finden wirst, indem Du dann zurückkehren wirst, das liegt ganz an Dir, wie Du Deine Beziehung zum Vater Gott Christus lebst. Er spiegelt Dein Bewusstsein durch andere Mitmenschen in Deiner Umgebung, damit Du seine Stimme durch andere hörst, falls Du noch nicht seine liebevolle väterliche Stimme in Deinem Herzen hörst! Er benutzt sie als einen Spiegel, indem sich Deine Sichtweise im anderen gegenüber durch das Denken, Sprechen sowie Handeln wiederspiegeln. Das kann für Dich sehr nützlich sein, denn dadurch lernst Du sehr schnell, wie Du auf andere sehr wirkst, wenn Du Dich im Herzen sehr bewusst führen lässt! Indem Du in Deinem ganzen Wesen, durch innere Selbstreflexion im Herzen, alles in ein Wort Liebe wie ich es gewandelt habe, dann öffnest Du durch Dein ganzes Wesen als bedingungslose Liebe automatisch die anderen Herzen und Du siehst sie dann so wie sie wirklich sind und auch genauso wie Du auf den Weg zurück zum Herzen Gottes Christus unterwegs sind und Du dann diese an Deine liebevolle Hand nehmen kannst, die nicht so weit sind wie Du eventuell, damit der himmlische Vater Gott Christus Dich sehr persönlich im Herzen anregen durch den Heiligen Geist den er ja auch ist und Dich dann Dich freiwillig zu Deiner Lebensaufgabe im Herzen führen, die er Dir aus seiner großen Gnade liebevoll anvertraut hat und Dir auch die Befähigung dazu schenkt, damit Du mit ihm das immer zusammen vollbringst, denn ohne ihn wirst Du daraus keine himmlischen Früchte als Ernte schöpfen! Gott Christus ist ein Herrscher mit sehr vielen Namen und Gesichtern. Deshalb sollen wir auch von ihm absolut kein Bild machen, wie das erste Gebot uns ausdrücklich sagt. Nur Du allein kannst ihn ganz individuell in Deinem Leben kennenlernen und somit auch immer bewusster in Deinem Herzen als Stimme wahrnehmen, um seiner Stimme bedingungslos zu gehorchen und mit ihm in aller Ewigkeit die Trennung in Deinem Bewusstsein aufzulösen und mit ihm durch Deine kindliche zuneigende bedingungslose Liebe für immer aufzulösen! Dann hast Du den größten Schatz in Deinem Herzen gefunden, nämlich der himmlische Vater Gott Christus als Licht das Leben ist und alle Dunkelheit durch den Satan verursacht, ist für alle Ewigkeit aus Deinem Herzen verschwunden und eines Tages wirst Du erlöst und frei vor ihm stehen und wirst seiner Herrlichkeit die Du seit der Verschmelzung mit ihm im Herzen gespürt hast, dann auch leibhaftig in der liebevollen Begrüßung durch den himmlischen Vater Gott Christus in seinem goldenen Jerusalem erleben!

8. Ich bin

Als Mose durch Gott Christus berufen wurde, sein Volk Israel aus der Knechtschaft Ägyptens zu befreien (2. Mose 3. Kap. Vers. 13 – 22) sagte er **„ Ich werde sein, der ich sein werde."**

Das bedeutet in Wahrheit **„Ich bin der ich bin."** Gott Christus ist sich immer bewusst wer er ist, was er als heiliger Schöpfer sagt und auch tut! Jesus Christus ist eins mit Gott Christus und sagte folgende sieben Ich bin-Worte als Gott Christus:

„Ich bin das Brot des Lebens. Wer zu mir kommt, den wird nicht hungern; und wer an mich glaubt, den wird nimmermehr dürsten." (Joh. Kap. 6. Vers. 35).

„Ich bin das Licht der Welt; wer mir nachfolgt, der wird nicht wandeln in der Finsternis, sondern wird das Licht des Lebens haben." (Joh. Kap. 8. Vers. 12).

„Ich bin die Tür; so jemand durch mich eingeht, der wird selig werden und wird ein und ausgehen und Weide finden." (Joh. Kap. 10. Vers. 9).

„Ich bin der gute Hirte. Der gute Hirte lässt sein Leben für seine Schafe." (Joh. Kap. 10. Vers. 11).

„Ich bin die Auferstehung und das Leben. Wer an mich glaubt, der wird leben, ob er gleich stürbe." (Joh. Kap. 11. Vers. 25).

„Ich bin der Weg und die Wahrheit und das Leben; niemand kommt zum Vater denn durch mich." (Joh. Kap. 14. Vers. 6).

„Ich bin der Weinstock, ihr seid die Reben. Wer in mir bleibt und ich in Ihm, der bringt viel Frucht, denn ohne mich könnt ihr nichts tun.“ (Joh. Kap. 15. Vers. 5).

Nun möchte ich Dir diese sehr wichtigen Ich bin-Worte sehr verdeutlichen, damit Du den inneren Weg zurück zu Gott Christus weiter gehen kannst. Bevor Jesus Christus seine Lehrzeit begann, musste er sich alles sehr bewusst machen was der Vater Gott Christus in Wirklichkeit in ihm ist, um in innerer Herzensanbetung sich seiner wichtigen Aufgabe und deren Bedeutung für alle Menschen als Kinder Gottes sich mit ihm endgültig zu vereinen. Er war sich dann dadurch sehr bewusst, dass er Gott Christus selbst ist und wenn die Menschen ihn im Herzen als Messias sowie später als Vater selbst erkennen, dann ist Jesus Christus der sichtbare Schöpfer aller Menschen als Kinder Gottes in der gesamten Schöpfung! Jesus Christus was sich seinem göttlichen Ursprung sehr bewusst und was vollkommen mit dem Geist seines Vaters Gott Christus verschmolzen und deshalb sprach er sehr bewusst diese Ich bin-Worte aus, weil er als Vater Gott Christus diese heiligsten Worte selbstbewusst aussprach!

Jesus Christus ist wie ein Samenkorn in der Erde gestorben. Sein Körper musste wie die Hülle des Samens absterben, damit das innere wahre Leben im Samen selbst zu Vorschein kommt und dadurch das wahre Leben in die Welt bringt. Sein fleischlicher Leib musste wie die Hülle absterben, damit er nach drei Tagen durch seine Auferstehung seinen ewigen unsterblichen Leib bekommt, den die alle auch bekommen, die ganz mit ihm in absoluter bedingungsloser Hingabe im Herzen verschmolzen sind. Der Same steht als Sinnbild für das vielfältige Getreide das aus einem Samen tausendfache Frucht als Ähre hervorbringt. Die Hülle des Samen muss absterben und verwesen sowie sich auflösen, damit dass nur noch das wahre Leben zum Vorschein kommt. So konnte Jesus Christus durch seinen Tod alle Kinder Gottes wieder mit Gott Christus vereinen. Er gab sein fleischliches Leben, damit alle das volle ewige Leben wieder haben und leben, auch wenn wir als Mensch noch sterben müssen!

Das gleiche gilt auch für uns! Durch den Tod von Jesus Christus am Kreuz wurde uns sehr verdeutlicht, dass unser Ego und alles andere was in uns durch den Sündenfall entstanden ist, in der demütigen Hingabe im Herzen absterben muss, damit wir wieder durch ihn, mit dem himmlischen Vater Gott Christus in die Versöhnung kommen und dadurch keine Sünder mehr sind! Durch diesen Tod des Egos durchschreiten wir die Tür im Herzen die Jesus Christus ist, zurück in die Seligkeit ein freies und innig geliebtes Kind Gottes zu sein und einen tiefen Frieden sowie eine selige Freude zu empfinden, die nur Jesus Christus als Vermittler sowie als Brücke von uns mit dem Gott Christus, ermöglichen kann. Wenn wir wieder mit Gott Christus im Herzen vereint sind, dann sind wir wieder an die Quelle allen Lebens als Kraft, Energie, Licht sowie seiner Liebe angeschlossen. Unsere Lebenskraft kann nicht mehr versiegen, weil wir durch Jesus Christus selbst wieder mit der Quelle als Leben verbunden sind! Alle Finsternis als Ego muss dem ewigen Licht als das heilige Wort weichen und somit wandeln wir bewusst als freie Kinder Gottes im Herzen Gottes Christus umher und staunen über die vielen liebevollen, aber auch strengen Führungen Gottes Christus, um zu lernen ihm aus inniger hingebungsvoller Liebe wieder für alle Ewigkeiten zu gehorchen, damit wir alle lernen, seinen göttlichen Willen zu unserem zu machen! Durch unsere Liebe zu Jesus Christus hören wir immer mehr auf den Heiligen Geist, den er uns als liebevoller Beistand zu uns gesandt hat, um immer mehr seiner Lehre der bedingungslosen Liebe zu folgen sowie im Herzen zu verinnerlichen!

Diese bedingungslose Liebe deckt alle Unwahrheit als Lüge Satans auf und führt uns zur heiligen Wahrheit, die durch das wahre heilige Leben, im Herzen als Wort zum Vorschein kommt! Jesus hat durch sein ganzes Leben hindurch dem Geist seines Vaters Christus bedingungslos bis in den Tod am Kreuz gehorcht und dadurch sind wir wieder das ewige heilige Leben, das Gott Christus uns als seine große Gnade selbstlos schenkt, wenn wir seinen liebevollen Sohn als guten Hirten und Erlöser in aller Demut im Herzen wieder annehmen! Denn als erlöste Kinder sind wir wieder lammfromm und hören auf Jesus Christus, der in Wirklichkeit ja nur Gott Christus ist und können nie wieder aus seiner Gnade heraus fallen! Alles was wir ohne Jesus Christus tun, bringt keine guten Taten hervor und führt ins Verderben! Er ist die Quelle allen Lebens als Weinstock und wir als die Rebe können absolut keine wahre Frucht bringen, wenn wir nicht an den Weinstock des Lebens angebunden sind, denn nur mit ihm und durch ihm können wir das wahre Leben erhalten, das uns dadurch gegeben ist, weil wir ihm bedingungslos nachfolgen.

Wenn Du immer sagst: Ich bin dumm; Ich bin zu dick; Ich bin hässlich; Ich bin müde usw. dann setzt du den bösen Geist des Satans in Vollzug und öffnest ihm ungewollt die Tür in Deinem Herzen, um Dich immer mehr Schritt für Schritt negativ zu beeinflussen und Dich damit zu verderben!

Wenn Du aber sagst: Ich bin liebevoll; Ich bin schön; Ich bin stark; Ich bin glücklich usw. dann öffnest Du Dein Herz unbewusst die Tür für Jesus Christus und er kann Dir dann beistehen die unbewusste geöffnete Tür zum Satan durch ihn langsam, aber sicher für alle Ewigkeiten zu schließen und ihm Dein Herz zu übergeben und mit ihm den Weg zurück ins Licht zu gehen, um damit das ewige Leben durch

Deine bedingungslose innigliche Nachfolge durch seine Gnade zu erhalten!

Wie in einem vorherigen Kapitel schon anfänglich erläutert musst Du unbedingt eine Verhaltens- und Gedankenkontrolle in deinem Leben als Mensch intrigieren, damit Du zusammen mit Jesus Christus lernst, Dich so zu verhalten, wie er es für Dich will! Mache alles mit Jesus Christus zusammen, z.B. ob kochen, die Wohnung aufräumen, Zähne putzen, Auto fahren, die Heilige Schrift lesen usw. Somit lernst du ganz bewusst Dich so zu verhalten und zu denken, wie es Jesus Christus es an Deiner Stelle auch tun würde! Denn der Heilige Geist an der Stelle von Jesus Christus ist ja der richtige Lenker und Bewahrer über Dein Leben als Mensch und wird Dich sicher durch alle Tiefen und Höhen sicher führen, wenn Du ihm auch bedingungslos gehorchst! Wenn Du seine Stimme in Deinem Herzen vernimmst, dann musst Du das unbedingt überprüfen, indem Du ihm folgendes fragst:

„Ist Jesus Christus ins Fleisch gekommen?“ und er antwortet dann so **„Ja, Jesus Christus ist in Fleisch gekommen, um Dich und alle Menschen als seine Kinder aus der Materie zu erlösen!“**

Das ist äußerst wichtig, denn der Satan wird alle tun, um Dich von Jesus Christus wieder zu trennen, denn er missachtet Deinen freien Willen mit brutaler Gewalt und Jesus Christus kann Dir nur absolut beistehen und sicher daraus helfen, wenn Du ihm bedingungslos gehorchst! Ich habe über 20 Jahre den Satan gehört, dass ich ihm in aller Ewigkeit unwiderruflich dienen soll, was ich in aller Ewigkeit garantiert nicht tun werde! Heute bin ich vollkommen frei von ihm, weil ich mit ihm als Jesus Christus und den Vater Gott Christus wieder für alle Ewigkeiten vereint bin! Je mehr Du dieses tust, dann öffnet sich der Heilige Geist in Deinem Herzen und Du hörst dann die Stimme Jesu und er führt Dich zur vollkommenen Wahrheit und hilft Dir im täglichen lesen und studieren der Worte Gottes Christus in der Heiligen Schrift und diese dann eine Verinnerlichung sowie Veränderung in Deinem Verhalten und Denken in Deinem Herzen sicher bewusst zu vollziehen! So wirst Du immer mehr zu einem richtigen aufrichtiger Jünger Jesu und wirst zum Täter seiner Worte in Deinem Leben und lebst das wahre Christsein allen Menschen in Deinem Umfeld in der Familie, Freunde oder am Arbeitsplatz vor. Ich lege Dir sehr an Dein Herz das Du versuchst so viel wie es Dir möglich ist mit Jesus Christus in Gespräch zu kommen und das Du ihm immer in Deinem Herzen sagt wie sehr Du ihm liebst und wie sehr er Dir fehlt! Übergebe ihm immer wieder Dein Leben und bitte Ihn Dich so zu verändern, wie er Dich haben will, damit Du immer mehr Du Dich in Deinem Bewusstsein liebevoll vereinst, denn er kann Dir nur helfen und beistehen, wenn Du ihn immer wieder bittest das zu tun und gebe ihm immer wieder aus Deinem Herzen Deine kindliche Liebe in sein Herz, denn das ich die wahre Dankbarkeit als bedingungslose Liebe, die Du ihm schenken kannst! Und somit zeigst Du ihm wie dankbar Du bist und das ist für ihn das schönste Gebet das Du zu ihm beten kannst! Alles was ich Dir hier schreibe sind meine eigenen Erfahrungen mit Jesus Christus und dem Vater Gott Christus. Ich bin mir der Macht der Ich bin-Worte seit Jahren sehr bewusst und setze sie nur positiv in meiner Herzensarbeit für alle Kinder Gottes ein, um ihnen liebevoll das Herz für beide zu öffnen, damit sie dann die Kinder Gottes zu sich holen und somit ganz und gar heilen können!

9. Die Gleichnisse von Jesus Christus

In diesem Kapitel werde ich sehr ausführlich auf die wichtigen Gleichnisse von Jesus Christus eingehen, um zu verdeutlichen wie sehr es wichtig ist, das die Bedeutung im Herzen richtig verstanden wird und die geistige Lehre in einem Gleichnis absolut verinnerlicht wird und als Tat in Vollzug gebracht wird!

Vom Sämann

(Matth. Kap. 13 Vers. 3-9)

„Siehe, es ging ein Sämann aus zu säen. Und indem er säte, fiel einiges auf dem Weg; da kamen die Vögel und fraßen's auf. Einiges fiel auf felsigen Boden, wo es nicht viel Erde hatte, und ging bald auf, weil es keine Erde hatte. Als aber der Same aufging, verwelkte es, und weil es keine Wurzel hatte, verdorrte es. Einiges fiel unter die Dornen; und die Dornen wuchsen empor und erstickten's. Einiges viel auf gutes Land und trug Frucht, einiges hundertfach, einiges sechzigfach, einiges dreißigfach. Wer Ohren hat der höre!"

Der Sämann ist Gott Christus als das Wort in der Heiligen Schrift und wer dieses einfach oberflächlich liest und es sich in seinem Herzen in innerlichen Herzensbetrachtung nicht verinnerlicht und somit die geistige Wahrheit nicht erkennt, dann kann der Satan durch böse Manipulationen, das Wort lügenhaft verunglimpfen sowie in das Verderben führen! Derjenige der das Wort hört oder auch liest und es im Herzen nicht richtig demütig Gott Christus gegenüber, impulsiv schnell in die Tat umsetzt und Stürme im Leben kommen als Sorgen und Nöte, dann fällt er sehr schnell aus der erst neu gewordenen Beziehung zu Gott Christus durch seinen Sohn Jesus Christus heraus und ist noch mehr Anfeindungen vom Satan ausgesetzt! Wer die Worte Gottes

Christus auch aufnimmt und sich von der irdischen Welt sehr beeinflussen lässt, dann das wird das Wort im Herzen verunglimpft und absolut entheiligt! Derjenige aber der das Wort Gottes Christus als die Lehre Jesu sich zu Herzen nimmt und danach lebt, um dieses Wort im alltäglichen Leben zu intrigieren, bringt viele geistige himmlische Güter zusammen, als vielfache Frucht!

Vom Unkraut unter dem Weizen
(Matth. Kap. 13 Vers. 24-30)

„Das Himmelreich gilt einem Menschen, der guten Samen auf seinen Acker säte. Aber als die Leute schliefen, kam sein Feind und säte Unkraut zwischen dem Weizen und ging davon. Als nun die Saat wuchs und Frucht brachte, da fand sich auch das Unkraut. Da traten die Knechte zu dem Hausvater und sprachen: Herr, hast Du nicht den guten Samen auf den Acker gesät? Woher hat er das Unkraut? Er sprach zu Ihnen: Das hat ein Feind getan. Das sprachen die Knechte: Willst Du denn, dass wir hingehen und es ausjäten? Er sprach: Nein! Damit ihr nicht zugleich den Weizen mit ausrauft, wenn ihr das Unkraut ausjätet. Lasst beides mit einander wachsen bis zur Ernte; und um die Erntezeit will ich zu den Schnittern sagen: Sammelt zuerst das Unkraut und bindet es in Bündel, damit man es verbrenne; aber den Weizen sammelt mir in meine Scheune.“

Das Gleichnis erklärt Jesus Christus seinen Jüngern so, wie es in der Heiligen Schrift steht. Ich möchte es Dir mit eigenen Worten zusätzlich liebevoll erläutern: Jesus Christus ist der Sämann und sät seine lieben Worte vom Himmelreich in alle Herzen. Die es annehmen und danach leben, sind die Kinder als den guten Samen. Die aber es nicht annehmen und sich dagegen wehren danach zu leben, sind die bösen

Kinder und damit sind sie das Unkraut auf dem Acker der Welt! Wenn es zur Ernte am Ende der Welt durch das Gericht Gottes Christus durch seinen Sohn Jesus Christus kommt, dann werden die Engel als Schnitter die bösen Kinder als Unkraut ausjäten und in den Feuerofen werfen. Dort wird ihnen großes Leid, als eigenes Gericht für ihr Leben sein, weil sie auf den Herrn und auch Erlöser nicht hören wollten. Die lieben Kinder aber werden mit ihm im goldenen Jerusalem am Tisch des Herrn sitzen und alle Traurigkeit wird für immer aus den Herzen verschwinden!

Vom Senfkorn und dem Sauerteig

(Matth. Kap. 13 Vers. 31-34)

„Das Himmelreich ist gleicht einem Senfkorn, das ein Mensch nahm und es auf einen Acker säte; das ist das kleinste unter den Samenkörnern; wenn es aber gewachsen ist, so ist es größer als alle Kräuter und wird ein Baum, sodass die Vögel unter dem Himmel kommen und wohnen in seinen Zweigen."

„Das Himmelreich gleicht einen Sauerteig, den eine Frau nahm und unter einem halben Zentner Mehl mengte, bis er ganz durchsäuert war."

Diese Gleichnisse vom Senfkorn und dem Sauerteig haben folgende Bedeutung: Wenn auch nur im einzelnes Wort Gottes Christus in Deinem Herzen als ein guten Acker vorfindet und anfängt in Dir wie ein kleines Senfkorn zu keimen, kannst Du wenn Du es in Deinem Herzen zulässt, kann es Dich ganz durchdringen und somit zu einem großen Baum werden. Du wirst dadurch immer mehr zu einem wahren Jünger Jesu und andere Mitmenschen können dann durch Deine große innige Liebe zu ihnen, wie Vögel in Deinem Baum des Lebens Wohnung nehmen. Das gleiche gilt auch für den Sauerteig. Dein Herz ist das Mehl und der Sauerteig ist das Wort Gottes Christus und wenn Du es in Deinem

Herzen durch den Heiligen Geist als Frau richtig durch mengen lässt, dann wird Dein Herz vollkommen durch das Wort Gottes durchsäuert und Du bist dann vollkommen wieder mit Gott Christus in Deinem Herzen für alle Ewigkeit vereint!

Vom Schatz im Acker und der kostbaren Perle
(Matth. Kap. 13 Vers. 44-46)

„Das Himmelreich gleicht einem Schatz, verborgen im Acker, dem ein Mensch fand und verbarg; und in seiner Freude ging er hin und verkaufte alles was er hatte, und kaufte den Acker.“

„Wiederum gleicht das Himmelreich einen Kaufmann, der gute Perlen suchte, und als er eine Kostbare Perle fand, ging er hin und verkaufte alles, was er hatte, und kaufte sie.“

Diese Gleichnisse vom Schatz im Acker und der kostbaren Perle haben folgende Bedeutung: Alle Reichtümer der Welt sind nichts dagegen als das reine Wort Gottes in der Heiligen Schrift. Es ist wie ein kostbarer Schatz den Gott Christus in Deinem Herzen vergraben hat und wenn Du diesen Schatz durch eine liebevolle Führung Jesu in Deinem Herzen findest, wirst Du in einen Sinnbild wie ein Kaufmann alles in der Welt verkaufen um, diesen Acker zu kaufen. Es ist nur so dass dieses Wort schon von Anfang an in Deinem Herzen war und Du hast es vielleicht nicht gewusst und jetzt wo Du es weißt, willst Du diesen Schatz unbedingt besitzen! Das gleiche gilt auch für die Perle die der Kaufmann kaufen will und danach sucht und wenn er sie gefunden hat, will er sie unbedingt haben.

Ich selbst habe diesen Schatz als die Liebe von Jesus Christus und Gott Christus als das Wort das Licht als Leben ist, in meinem Herzen gefunden. Dieser Schatz ist das kostbarste was ich besitzen darf. Alle

Reichtümer der Welt können mir nicht geben, was die beiden mir geschenkt haben und ich bin heute ihnen so dankbar dass ich meinen Weg zurück zu Ihnen beiden gefunden habe und jetzt anderen Kinder Gottes helfen kann, diesen kostbaren Schatz als das Wort Gottes, der er ja selbst ist, im ihren Herzen zu finden, um die wahre Heilung als Gesundheit sowie einen ewigen Frieden in Ihren Herzen dadurch geschenkt zu bekommen! Ich möchte vom ganzem Herzen dass Du auch durch dieses Buch Deinen Frieden findest, weil Du ihre Liebe immer mehr in Deinem Herzen spürst und langsam, aber bestimmt zu ihnen weiter den Weg zurück gehen kannst und auch wirst, indem Du fest daran glaubst, denn Dein fester Glaube kann Dir helfen, dieses zu schaffen.

Vom Fischernetz

(Matth. Kap. 13 Vers. 47-52)

„Wiederum gleicht das Himmelreich einem Netz, das ins Meer geworfen ist und Fische aller Art fängt. Wenn es aber voll ist, ziehen sie es heraus an das Ufer, setzen sich und lassen die guten in Gefäße zusammen, aber die schlechten werfen sie weg. So wird es am Ende der Welt gehen: Die Engel werden ausgehen und die Bösen von den Gerechten scheiden und werfen sie in den Feuerofen; da wird Heulen und Zähneklappern sein."

Dieses Gleichnis hat eine sehr große und wichtige Bedeutung: Durch das Wort als Licht das Leben ist, erschuf Gott Christus alles in seiner Schöpfung und somit alle Kinder Gottes. Sie haben alle als Säuglinge nach ihrer Geburt den gleichen Startpunkt als das fleischgewordene Wort. Nur durch die liebevolle christliche Erziehung der Mutter und Vater lernt es die Schulung Gottes Christus zu durchlaufen, um ein wahres liebesvolles demütiges Kind Gottes zu werden. Nur durch die Vorbilder

der Eltern wird es dazu ermuntert diesen Weg der Liebe als das Wort zu gehen. Im laufenden des Lebens können und werden entscheidend dafür sein, ob das Kind Gottes auf dem Weg der bedingungslosen Liebe bleibt, um ein wahrhaftiger Jünger des Wortes Jesu zu werden und auch zu bleiben! Das gilt für uns alle und ist von entschiedener Bedeutung. Erzengel Luzifer wurde durch seinen eigenen Willen zum Satan und ist seit dem ständig dabei, die anderen Kinder Gottes zu versuchen und auch zu verderben. Das Gericht Gottes Christus das in der Offenbarung in der Heiligen Schrift angekündigt und bald vollbracht wird, wird dann alle durch den Satan gefallene Kinder Gottes richten und in den Feuerofen werfen und die guten werden dann mit Gott Christus im goldenen Jerusalem mit ihm zusammen in aller Ewigkeit leben. Alle Kinder Gottes die zu einem wahren Jünger Jesu geworden sind, fangen an aus dem Schatz des Heiligen Geistes aus dem Herzen neues sowie altes geistiges Wissen in alle anderen Herzen zu säen.

10. Die Bergpredigt

In diesem Kapitel möchte ich Dir die Bergpredigt von Jesus Christus liebevoll an Dein Herz legen, weil sie ein großer Hinweis als seine göttliche Lehre ist, die genau sagt was wir machen und nicht machen sollen! Ich werde versuchen die Dir mit eigenen Worten zu erläutern und wenn Du genau Wissen willst, was Jesus Christus dazu detailliert aussagt, dann kannst Du sie in der Heiligen Schrift selber nach lesen. Die Bergpredigt ist das Grundgesetz des Reiches Gottes Christus!

Die Seligpreisungen (Matth. 5. Kap. Vers. 1-12)

„Selig sind, die da geistlich arm sind; denn ihrer ist das Himmelreich."

Es bedeutet nicht dass der Mensch geistig beschränkt ist, sondern er ist absolut demütig vor seinem Herrn Jesus Christus und somit ist er geistig arm und ist ein Bewohner des Himmelreichs.

„Selig sind, die da Leid tragen; denn sie werden getröstet werden."

Diejenigen die viel Leid wegen der Zugehörigkeit zu unserem Herrn Jesus Christus zu ertragen haben, werden eines Tages von ihm getröstet werden und aller Schmerz sowie Tränen werden von ihnen abgewischt und eine helle Freude wird sich im Herzen breit machen, das sie für ihren Jesus Christus auch Leiden mussten, wie auch er für uns sehr gelitten hat, um uns alle von der Sünde zu erlösen.

„Selig sind, die Sanftmütigen; denn sie werden das Erdreich besitzen."

Jesus Christus war der sanft mutigste Mensch als Sohn Gottes Jehova und er besaß nichts und trotzdem war er geistig gesehen der mächtigste liebevolle Mensch auf der Muttererde. Nach dem Endgericht Gottes

Christus werden alle sanftmütigen das Erdreich besitzen, weil sie mit Jesus Christus und Gott Christus zusammen vereint im goldenen Jerusalem auf der Muttererde leben werden.

„Selig sind, die da hungert und dürstet nach der Gerechtigkeit; denn sie sollen satt werden.“

Die Jünger Jesu müssen viel erleiden wegen ihrer bedingungslosen Zugehörigkeit zu unserem Herrn Jesus Christus. Wenn die Ungerechtigkeit auch auf der Muttererde zunimmt, sehnen wir uns nach der Gerechtigkeit Gottes Christus. Eines Tages wird er uns nicht mehr nach Gerechtigkeit hungern und dürsten lassen, sondern uns für alle Ewigkeit sättigen als Freude und hingebungsvoller Liebe, wenn sein Plan mit seinen Menschen vollendet ist.

„Selig sind die Barmherzigen; den sie werden Barmherzigkeit erlangen.“

Das was Du säst, das wirst Du auch ernten, insbesondere zB. bei Barmherzigkeit wirst Du beim himmlischen Vater Gott Christus Barmherzigkeit auch erlangen.

„Selig sind, die reinen Herzens sind; denn sie werden Gott schauen.“

Die reines Herzens sind werden Gott Christus gegenüber stehen und werden sein Heiliges Antlitz sehen!

„Selig sind, die um der Gerechtigkeit willen verfolgt werden; denn ihrer ist das Himmelreich.“

Die um die Gerechtigkeit Gottes Christus willen durch Gewalt, Verleumdung, Spott usw. verfolgt werden, sind Bewohner des Himmelreichs.

Salz und Licht (Matth. 5. Kap. Vers.13-16)

„Ihr seid das Salz der Erde."

Jesus Christus will damit nur sagen, das wir als seine Jünger das Salz der Erde sind, aber nur wenn wir auch unsere Liebe zu ihm offen allen anderen Menschen vor leben und somit ein Vorbild für alle anderen sind. Wenn nicht dann werden wir von den anderen Menschen nicht als wahre Jünger Jesu wahrgenommen und somit sind wir wie ein altes fahles Salz, was einfach auf dem Boden zertreten wird.

„Ihr seid das Licht der Welt."

Wir Jünger Jesu sind für ihn das Licht der Welt, wenn wir unser Licht im Herzen für alle leuchten lassen und die anderen Menschen an unseren Werken sehen, das wir Jesus Christus bedingungslos nachfolgen und ihn vom ganzen Herzen lieben und somit die anderen Menschen unseren Vater Gott Jehova liebevoll dankbar preisen!

Jesu Stellung zum Gesetz (Matth. 5. Kap. Vers. 17-20)

„Ihr sollt nicht meinen, dass ich gekommen bin, das Gesetz oder die Propheten aufzulösen; ich bin nicht gekommen aufzulösen, sondern zu erfüllen. Denn ich sage euch: Bis Himmel und Erde vergehen, wird nicht vergehen der kleinste Buchstabe noch ein Tüpfelchen vom Gesetz, bis es alles geschieht. Wer nur eines von diesen kleinsten Geboten auflöst und lehrt die Leute so, der wird der kleinste heißen im Himmelreich; wer es aber tut und lehrt, der wird groß heißen im Himmelreich. Denn ich sage euch: Wenn eure Gerechtigkeit nicht besser ist als der Schriftgelehrten und Pharisäer, so werdet ihr nicht in des Himmelreich kommen."

Vom Töten (Matth. 5. Kap. Vers. 21-26)

Das fünfte Gebot Gottes sagt uns klar und deutlich das wir nicht töten sollen! Das bedeutet auch das wir nicht mit unserem Gegner oder Bruder uns streiten und vor Gottes Altar im Herzen treten sollen, bevor wir unseren Streit nicht bei legen und Frieden schließen, denn eine Beleidigung und Beschimpfung als Narr ist eine absolute Herabsetzung seiner Würde und ist somit höllischen Ursprung und derjenige der es so tut, gehört absolut in die Hölle!

Vom Ehebrechen (Matth. 5. Kap. Vers. 27-32)

Das sechste Gebot Gottes sagt auch ihr uns klar und deutlich das wir nicht die Ehe brechen sollen! Jesus Christus sagt dass jeder verheiratete Mann eine Frau lüstern anschaut und somit begehrt, die Ehe im Herzen bricht. Früher konnte der Ehemann einen Scheidebrief der Ehefrau geben, wenn sie untreu war, aber Jesus Christus sagt dazu aber auch das sie die Ehe bricht, wenn sie den Scheidebrief von ihrem Ehemann bekommt und er die Ehe auch bricht, wenn er eine geschiedene Ehefrau heiratet.

Jesus Christus will absolut nicht dass wir unserem Körper verstümmeln, indem wir uns das rechte Auge rausreißen bzw. die rechte Hand abschlagen. Er zeigt uns nur liebevoll auf, das das rechte Auge der Spiegel der Seele und des Herzens ist und das wir so begehren im Außen nicht immer gut für uns ist und das wir davon in Hingabe an Ihn davon loslassen, weil er absolut genau weiß was gut für uns ist!

Vom Schwören (Matth. 5. Kap. Vers. 33-37)

Wir sollen überhaupt nicht schwören, denn das ist nicht der Wille von Jesus Christus, dass wir es absolut nicht tun!

Vom Vergelten (Matth. 5. Kap. Vers. 38-42)

Nach Jesus Christus sollen wir niemals etwas böse vergelten, sondern dem anderen mehr aus freiem ganzem Herzen geben, als er verlangt, damit Du ihm eine große Freude machst.

Von der Feindesliebe (Matth. 5. Kap. Vers. 43-48)

Jesus Christus sagt dass Du Deine Feinde vom ganzem Herzen lieben und für die Dich verfolgen, beim himmlischen Vater Gott Christus um Frieden sowie Heilung erbitten sollst, damit Du so vollkommen bist wie der Vater im Himmel!

Vom Almosen geben (Matth. 6. Kap. Vers. 1-4)

Wir sollen nach Jesus Christus nicht in aller Öffentlichkeit damit prahlen was wir den Armen gespendet haben, sondern für uns in unserem Herzen still bewahren und der himmlische Vater Gott Christus wird es Dir dann liebevoll vergelten.

Vom Beten. Unser Vaterunser (Matth. 6. Kap. Vers. 5-13)

Jesus Christus will dass wir nicht öffentlich beten, wie die Heuchler, die laut in aller Öffentlichkeit selbstherrlich beten, sondern still und auch leise liebevoll sowie demütig zum Vater Gott Christus beten. Dieses um was wir beten weiß er schon und wird es uns erfüllen, wenn es gut für uns ist und seinem Willen entspricht! Er fordert uns alle auf allen anderen Menschen ihre Verfehlungen zu vergeben, damit er auch uns dann unsere vergeben kann.

„Unser Vater im Himmel!

Dein Name werde geheiligt.

Dein Reich komme.

Dein Wille geschehe wie in Himmel so auf Erden.

Unser tägliches Brot gebe uns heute.

Und vergib uns unsere Schuld, wie auch wir vergeben unseren Schuldigern.

Und führe uns nicht in Versuchung und erlöse uns vom Bösen.

Denn Dein ist das Reich und die Kraft und die Herrlichkeit in Ewigkeit. Amen."

Vom Fasten (Matth. 6. Kap. Vers. 16-18)

Wir sollen nicht vor den anderen Menschen damit heuchlerisch angeben, dass wir fasten, sondern gereinigt sowie fröhlich vor die anderen Menschen treten, denn der himmlische Vater Gott Christus sieht das alles und wird es uns liebevoll und gerecht vergelten.

Vom Schätze sammeln und Sorgen
(Matth. 6. Kap. Vers. 19-34)

Jesus Christus hat sich sehr detailliert geäußert wie wir uns beim Sammeln von Schätzen verhalten sollen, indem wir alle den irdischen Gütern nicht mit dem Herzen anhangen sollen, sondern lieber himmlische Güter sammeln, weil Diebe als Einbrecher alle irdischen Güter stehen können. Wir sollen uns ein Beispiel an den Pflanzen bzw. Tieren nehmen, weil sie nicht säen und ernten, doch der der himmlische Vater Gott Christus ernährt sie vollkommen. Er sagt dass wir zuerst nach dem Himmelreich und nach seiner Gerechtigkeit trachten sollen, so wird uns das andere so zufallen!

Vom Richtgeist (Matth. 7. Kap. Vers. 1-6)

Jesus Christus sagt hiermit klar und deutlich, dass wir absolut nicht richten sollen, damit wir nicht gerichtet werden und er unterweist uns auch, dass wir nicht nach unserem Maß ermessen sollen, da wir dann mit dem gleichen Maß bemessen werden! Bevor wir anfangen zu richten, sollen wir uns im eigenen Herzen selber beschauen, ob wir vielleicht mehr über uns zu richten haben, als über den anderen Menschen!

Von der Gebetserhörung (Matth. 7. Kap. Vers. 7-11)

„Bittet so wird euch gegeben; suchet so werdet ihr finden; klopfet an, so wird euch aufgetan. Denn wer da bittet, der empfängt; und wer da sucht, der findet; und wer da anklopft, dem wird aufgetan."

Gebe demjenigen der Dich um etwas bittet, das was er sich von Dir wünscht, wenn Du es ihm aus reinem ganzen Herzen geben kannst und auch willst.

Vom Tun des göttlichen Willen (Matth. 7. Kap. Vers. 12-23)

„Alles nun, was ihr wollt, dass euch die Leute tun sollen, dass tut ihnen auch! Das ist das Gesetz und die Propheten."

„Geht hinein durch die enge Pforte. Denn die Pforte ist weit und der Weg ist breit, der zur Verdammnis führt, und viele sind's, die ihn hineingehen. Wie eng ist die Pforte und wie schmal der Weg der zum Leben führt, und wenige sind's, die ihn finden!"

Jesus Christus warnt uns deutlich vor falschen Propheten, die in Schafskleidern zu uns kommen, die aber reine böse Wölfe sind und wir sie alle nach ihren Taten beurteilen können und das sie nie gute Früchte als ihr Baum des Lebens zum Vorschein bringen und nur wir Jünger Jesu bringen gute Früchte an unserem eigenen Lebensbaum. Wenn die falschen Propheten eines Tages vor ihm stehen und lügnerisch sagen, was sie alles für ihn getan haben, dann wird er sie von sich weisen und zu ihnen sagen, dass er sie nicht kennt!

Vom Hausbau (Matth. 7. Kap. Vers. 24-29)

Wer diese heiligen Worte von Jesus Christus hört und diese in seinem Herzen verinnerlicht sowie danach lebt, der gleicht einen Hausbauer der sein Haus auf einen Felsen gebaut hat und wenn Stürme als starker Wind mit Regen kommt, das sind Sorgen und Nöte, dann stürzt das Lebenshaus nicht gleich ein. Derjenige der die Worte hört, aber diese nicht im Herzen verinnerlicht sowie danach lebt, der gleicht einen törichten Hausbauer, der sein Haus nicht auf festem Grund erbaut hat und wenn Stürme des Lebens dann kommen, dann stürzt es gleich ein!

11. Das Herzensgebet

In diesem Kapitel möchte ich Dir eine Hilfestellung geben, wie man richtig betet. Ich habe in den letzten Jahren sehr oft festgestellt, dass viele gläubige Menschen nicht richtig beten. Im nachfolgenden Herzensgebet gebe ich Dir eine gute Anleitung wie ich es mir seit Jahren angewöhnt habe zu beten, weil wir ja nicht zu irgendjemanden beten, sondern zu unserem Herrn Jesus Christus bzw. zu unserem Heiligen Vater Gott Christus! Ich falte die Hände zum Gebet, schließe die Augen und fühle in mein Herz hinein und werde erst einmal im Herzen demütig sowie ganz still! Dann fange ich an folgendes zu beten:

„Liebevollster Vater Du fehlst mir und ich vermisse Dich so sehr! Möge aus meinem Herzen meine kindliche Liebe zu Dir in Dein Vaterherz in aller Ewigkeit fließen, weil ich Dich so sehr liebe! Bitte komme in mein Leben und ich übergebe Dir, immer wieder erneut mein ganzes weitere Leben! Verändere mich so wie Du mich haben willst und begleite mich liebevoll durch mein weiteres Leben und lasse mich nie wieder alleine! Helfe mir bitte so zu handeln wie Du, damit ich allmählich durch Dich erlerne Deinen Willen zu tun. Nehme mich bitte liebevoll an die Hand und begleite mich heute durch diesen Tag. Habe herzlichen Dank für Deinen unermüdlichen Beistand und das ich Dein Kind sein darf. Bitte helfe auch meinen lieben Geschwistern auf der Muttererde, damit sie auch den Weg zu Dir finden wie ich. Amen!“

Schlusswort

Unsere gemeinsame Reise durch dieses Buch geht hiermit zu Ende. Wir beide sind gemeinsam mit vereintem Herzen den Weg zurück bzw. immer inniglicher zu unseren Herrn Jesus Christus und somit zu dem Heiligen himmlischen Vater Gott Christus gegangen. Ich habe das Buch hauptsächlich für die Leser geschrieben, die noch nie eine innige Herzensverbindung zu beiden aufgebaut haben. Wenn Du schon sehr lange mit beiden in Deinem Leben unterwegs bist, dann sollte das Buch Dich anleiten, Dein Liebesverhältnis bis zur absoluten Verschmelzung als Wiedergeburt sehr intensiv zu leben, damit Du verinnerlichen kannst, welche geistige Kraft sowie Freiheit ich habe, weil ich mit beiden in meinem Herzen vollkommen verschmolzen bin!

Ich wünsche Dir vom ganzen Herzen alles Gute für Dein weiteres Leben und segne Dich mit Licht und Liebe und möge in Deinem Herzen der ewige Friede Jesus Christus sein!

In Liebe Matthias Jäger

Anhang

Priester der Liebe und Heiler der Herzen Matthias Jäger

Telefon: +49 (0) 5722-8904234

Mobil: +49 (0)163-9707754

Homepage: www.heiler-der-herzen.de

Email: info@heiler-der-herzen.de

MIX
Papier aus verantwortungsvollen Quellen
Paper from responsible sources
FSC® C105338

Printed by Books on Demand GmbH, Norderstedt / Germany